促进创新素养发展的课程评价

汤文江　李爱燕　主编

吉林文史出版社

图书在版编目（ＣＩＰ）数据

促进创新素养发展的课程评价 / 汤文江 , 李爱燕主编 . -- 长春 : 吉林文史出版社 , 2023.8
ISBN 978-7-5472-9680-6

Ⅰ . ①促… Ⅱ . ①汤… ②李… Ⅲ . ①创造教育—课程建设—研究—中学 Ⅳ . ① G632.0

中国国家版本馆 CIP 数据核字 (2023) 第 165252 号

促进创新素养发展的课程评价
CUJIN CHUANGXIN SUYANG FAZHAN DE KECHENG PINGJIA

主　　编	汤文江　李爱燕
出 版 人	张　强
责任编辑	钟　杉
封面设计	西　子
出版发行	吉林文史出版社
电　　话	0431-81629357
地　　址	长春市净月区福祉大路 5788 号
网　　址	www.jlws.com.cn
印　　刷	天津融正印刷有限公司
开　　本	170 mm×240 mm　1/16
印　　张	11
字　　数	160 千
版 印 次	2023 年 8 月第 1 版　　2023 年 8 月第 1 次印刷
书　　号	ISBN 978-7-5472-9680-6
定　　价	59.00 元

前　言

立足国家政策要求，审视学校教育教学实践，我们深刻认识到，在深化"立德树人、五育融合"，培养全面发展的时代新人这一目标上，在践行课程育人、实践育人等方面，我们做得还远远不够。近年来，乘教育改革创新之风，以特色品牌学校创建为抓手，立足精致教育办学特色，借助上海课程领导力项目推广应用实践，我们深入实施推进学校特色课程建设探索与实践研究，构建形成学校 CIC 特色课程育人机制，凸显五育融合，促进学生全面而有个性地发展，致力让每一个生命精彩绽放。在研究实践过程中，我们坚持从学生需求出发，立足校情，充分挖掘身边可利用的资源，确立课程目标，丰富课程内容，创新课程实践，变革教与学方式，最大限度提升课程育人价值，全面培养学生综合素养和关键能力。同时，我们充分发挥教育评价指挥棒的作用，"坚决改变用分数给学生贴标签的做法，创新过程性评价办法，探索增值性评价，完善学生综合素质评价体系"，将过去偏重学生单一化的智育发展评价转化为关注学生五育融合发展、突出创新素养培育的多元化评价，构建形成 CIC 评价模式及实践路径，以科学有效的评价引领学生的学习与发展。

本书是学校推进教育改革创新、打造特色品牌课程的研究成果，是全校师生五年教改探索实践的经验凝练，展现了我们在课程育人与评价上的深度思考与坚实行动，也得到了上海课程专家的肯定与赞赏。我们坚信，教育无止境，探索永不停。我们将始终坚持立足前沿，持续深入推进课程改革，进一步健全完善学校教育评价体系，为培养全面发展的社会主义建设者和接班人集智聚力，奋楫前行！

目　录

第一篇章　CIC 课程育人

第一章　CIC 特色课程项目研究

第一节　研究计划

一、学校校本课程建设拟解决问题及其生长点

（一）课程资源进一步成熟

课程资源问题主要集中在两方面，首先是课程内容有待论证。原有的 20 多门校本课程读本资源，其门类更多是站在教师角度的开发，缺乏对学生的适用性。调查发现，有 48.54% 的学生希望在校本课程中可以学到有趣的知识，有 7.89% 的学生希望可以动手制作。因此，学校校本课程在内容深度与广度上需进一步推敲验证，不断优化改进。

CIC 是"创意、创新、创造"的英文字母缩写，也是"分享、创新、工匠"三种精神的综合表达。

具体阐释为：

C——creative 分享精神

能合作，会创意。学生在团队合作解决问题的过程中，分享多元化学习资源，如资料、设计、场地、环境等，进行常态化的学习实践及经验交流。

I——innovate 创新精神

能担当，会创新。学生依靠自己的智慧，依靠团队集体的力量，通过自主参与、自主管理、提出问题、动手实践，创新性解决问题。

C——create 工匠精神

能求真，会创造。创客的基因是创新与创意，而不止于制造。无论是技术创客、思想创客、文化创客……能够体现学生在学习实践之中的创造力价值。学生

的创造力发展是永无止境的，学生需要具有务实求真、追求完美的工匠精神。

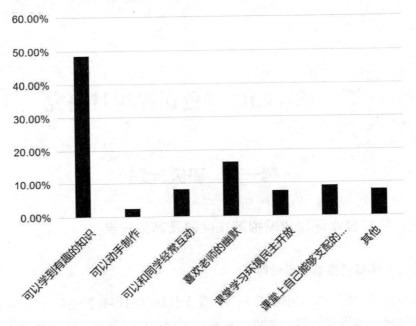

图 1-1 学生喜欢学校课程的理由

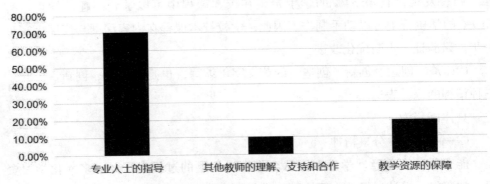

图 1-2 教师在开发学校课程中的最想得到的帮助

其次是校本课程资源单薄匮乏。原有课程开发，缺乏对课程的顶层设计和整体规划，缺乏专业论证指导。调查发现，有 70.45% 的教师希望能够得到专业指导，有 19.32% 的教师希望教学资源有所保障。

生长点：在参与校本课程开发过程中，经过专家指导、培训学习等，教师课程理念得到更新，课程意识得到增强，课程反思力得到提升。通过对课程的重组或创造，促进教师对学科知识的深化、师生关系的反思、教学技能的发掘等。同时，校本课程开发，要求教师不仅要关注自己的专业领域，还要关注专业之外的知识领域。科学知识和人文知识的交融，促使教师重新评价自己的知识结构和素质要求，重新规划自我发展方向，不断推动专业成长。

（二）建设 CIC 校本课程体系

学校原有校本课程设置不能满足学生个性化需求。虽然开发了很多课程，但只是片面追求课程数量、规模，忽略系统思考和整体设计，杂乱无序的"课程碎片"和随意拼凑的"课程拼盘"占据主体，未形成一个系统完善的课程体系，导致教师只为课程而教，学生仅为课程而学。

调查发现，教师开发校本课程的意愿能够均衡关注到各个领域，进一步发挥教师的主动性，有助于对课程进行合理专业的分类，突出课程间的关联性和结构性，提升课程整体育人效果。

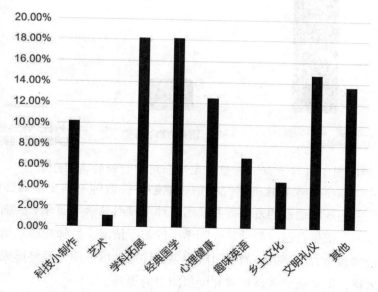

图 1-3 教师开发学校课程意愿分布

生长点：在建构完善校本课程体系过程中，有助于加强教师对课程育人目标、内容、资源开发的种类、分布等的认识，促进教师对课程开发与实现育人目标关系的了解，从中不断修正自己的教育观念和课程理念，不断提高对教育教学的认识水平，培养开放思维和意识，从而实现从课程的无意识、杂乱状态向全面认识和积极开发转变。

（三）教学方式转化

以往，教师在校本课程实施过程中，教学方式有些传统老旧，束缚学生创新思维和创新能力的发展，教出的学生跟不上时代步伐。CIC 校本课程给学生一个自我展示的平台，变"教师讲"为"学生展示"，充分发挥学生主体作用；变"学生听"为"动手实践"，让学生在做中思考、合作、探究、发现；变"个体学习"为合作互助，培养学生合作能力，帮助学生在和别人的合作中得到启发，及时修正自己的思维层次和思维水平；变"循规蹈矩"为自主思考，培养学生创造性思维、发散性思维。建构新型教学模式，通过实践研究实现教师教学方式的转化。

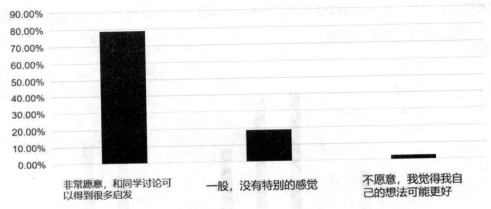

图 1-4 学生活动时愿意主动和同学讨论的情况分析

生长点：教学方式转化的研究实践，能够促使教师不断更新自己的教学观念，关注学生主观能动性的发挥，并采用多种手段引导学生展开"头脑风暴"，主动探究学习。依据自己的教学条件和学生的实际情况，教师能够总结提炼出属于自己的最佳教学方法，并在教学过程中创造性地加以运用，最终形成自己的教学特色和风格，促进教师创新精神和创新能力的提升。

二、研究目标

（一）打造学校 CIC 校本课程品牌

以创客文化为切入口，根据学生兴趣，通过项目式、探究式学习，将教学过程从"知识技能传授型"转变为"问题任务解决型"，引导学生在"做中学"，鼓励学生展开探索性创造、合作学习与分享，培养学生跨学科解决问题能力、团队协作能力和创新实践能力。通过不断研究实践，构建形成涵盖"基础融合、拓展发展、综合探究"三类课程群的创客 CIC 特色课程体系，作为班级授课制学科教学的有益补充，共同指向学生品格养成和能力发展，打造学校特色品牌。

CIC 特色课程理论：

学生观——以学生为中心，让每个学生都成为富有创造力的人。

课程观——为学生发展服务，为学生获得适应未来生存而终身有用的经验的环境、平台和支持。

教师观——对教师的期待是"发展"，激活每个老师的创造力，助推专业能力发展和精神成长。

价值观——体现应用价值，实现自我价值，创造社会价值。

（二）优化学校课程实践体系

秉持精致教育的办学特色，以成就精彩人生为宗旨。坚持立德树人，落实五育并举，以满足学生的全面和个性化发展需求为目标。面向全体，构建 CIC 校本课程体系，作为由学科课程、德育课程等组成的蜊中精致课程体系的有力补充，全面实现培养"具有家国情怀、国际视野、创新精神、精彩绽放"的蜊江中学学子的课程育人目标，不断提升学校内涵品质。

（三）成就蜊园名师队伍

学校校本课程的开发与研究，是促进教师专业化成长与发展的有效途径。系列课程的开发需要教师充分发挥创造潜能，从教育实践入手展开研究，逐步提升研究的态度和能力，并提升"教学实践性知识"，帮助教师实现由"教书匠"走向"专家型教师"的成长蜕变。借助课程建设，倒逼教师走出自我舒适区，勇于向内打破，为成长赋能，打造出一批蜊园名师，建成一支优秀教师队伍。

（四）培养"三能三会"蜊园学子

以激发学生兴趣，发展学生特长，拓宽学生知识，培养学生合作精神、创新意识、创造能力以及社会责任感为目标，培养"能合作、会创意；能担当、会创新；能求真、会创造"的"三能三会"新时代蜊园学子。

三、研究内容

（一）研究对象

（1）CIC 课程：虽然学者们对创客的定义不一，但创新、实践、分享三要素是学者们对创客的共同认识。基于创客内涵，我们认为，创客教育的"创"是创意、创造和创新，是要培养具有勇于突破传统教育桎梏的改造精神、在实践活动中推陈出新的创新精神以及联合各方力量的具有合作精神的人，其核心是"分享精神、创新精神、工匠精神"。

（2）教师：参与"CIC 课程"开发与实施的骨干教师

根据本项目涉及的课程科目类型、开发程度和教师情况，对参与"CIC 课程"建设的骨干教师及其实施案例进行抽样式研究，确保研究过程的真实性和深入性，保证研究质量。

（3）学生：参与"CIC 课程"学习与实践的初中学生

以"CIC 课程"建设培养学生创客素养，初中三个学段学生全部参与学习过程，但是考虑到课程研究的规范性和精准性，结合课程全面实施过程，对参与的学生进行总体研究，通过收集实践案例和学生发展案例，从中发现和总结"CIC 课程"实践与学生创客素养发展之间的内在联系与规律。

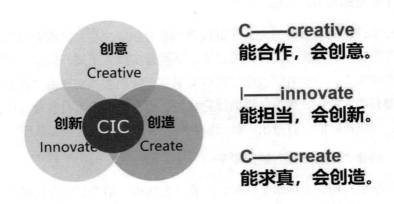

图 1-5 CIC 具体内涵

（二）总体框架

本项目研究主要内容可以分成四个维度的具体内容：

（1）文献情报：主要就学生创客素养及培育目标体系的理论依据的相关文献资料进行研究。

（2）调研分析：课程实施前、进程中、收尾等阶段参与学习学生的"创意、创新、创造"兴趣情况、知识和能力基础等客观情况进行调研、分析、汇总、提取等有针对性的研究。

（3）课程构建：对"CIC 特色课程"的目标体系与创客素养培育的研究假设及其设计的要素之间的逻辑关系；对"CIC 特色课程"资源利用与开发机制进行探索与研究；对"CIC 特色课程"与学科课程实施关联性的机制展开实践探索与研究；对"CIC 特色课程"实践运作与管理机制进行创新与研究；对"CIC 特色课程"优化建设过程及课程的自洽性进行分析与研究。

（4）育人效果：对"CIC 特色课程"育人目标与创客素养发展的达成度进行研究；对教师开发实施"CIC 特色课程"实践案例的教育作用及实践经验进行提炼研究。

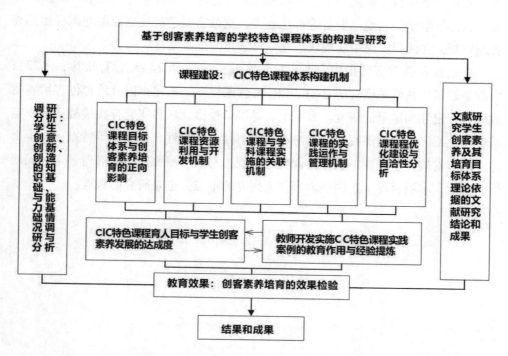

图 1-6 培育创客素养的"CIC 特色课程"研究内容的总体框架

（三）重点难点

（1）"CIC 特色课程"实践运作与管理机制。

（2）"CIC 特色课程"育人目标与创客素养发展的达成度。

将上面两项内容确定为本项目重点加难点，其原因有三：

一是初级中学的教师作为一线教育工作者，长期从事学科教学，习惯于执行现成的课程标准和教材，习惯于传授式教学方式。在本项目研究之中，教师需要参与课程开发，并且是课程实施的主要运作者，这对于教师来说，要比常规教学难度加大。教师对自己的课程建设和教学过程进行教育科学研究，大多数教师基础比较薄弱，正因为如此，教师更应该参与教育科研，提高教育教学研究能力，为提高教学质量奠定基础。

二是"CIC 特色课程"建设属于学校校本育人实践与探索的过程，课程功能、课程内容、课程实施与评价方式都和原有的课程不同，加之"CIC 特色课程"不是一个科目，而是一个特色课程体系，包含多个校本课程科目，涉及的课程、教师、学生、场地、设备等都比较多，这就需要学校建立新型的课程运作和管理机制，在课程实施中实现规范化、科学化的统筹实行。

三是教育科学研究指探索课程教学实践中的教育策略和教育规律，本项目中就是要运用科学的研究方法对"CIC 特色课程"的构建，以及培育创客素养的效果进行定性和定量的研究。事实上，基层学校做此项目研究存在挑战，有一定难度，主要因为学校课程建设自身存在动态性、开放性、创新性等特点，学生个体之间有着较大差异性，教师的课程建设能力与教育研究能力也有着一定的局限性。因此，本项目将上述两项内容作为研究的重点，也是研究的难点。

四、研究思路

（一）基本思路

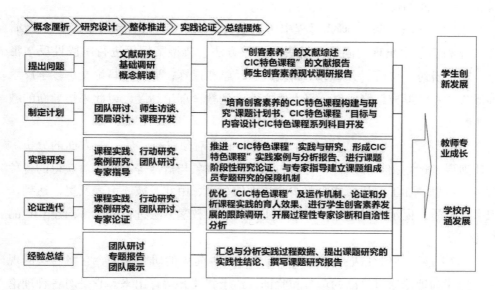

图 1-7 培育创客素养的"CIC 特色课程"项目研究的基本思路与技术路线

（二）具体研究方法

（1）文献研究法：研究中，通过阅读文献书籍、搜集网络资源等方式进行理论引领，及时了解最新和最前沿的研究动态，筛选对本项目研究有帮助的资料，进行整合和思考，为研究提供可借鉴的理论依据和操作策略。梳理我国开展创客素养培育、研究创客课程建设等的相关资料，结合搜集到的材料，对之进行整理、归纳，通过经验借鉴，对项目研究成果做进一步提升。

（2）调查研究法：在实施的不同阶段，采用文本分析、问卷调查、访谈等方式，对教师、学生、家长进行相关调查，为项目的可行性论证提供数据支持，及时了解学生创客素养发展是否达到预期目标，为后续项目研究提供依据。

（3）行动研究法：以"CIC 特色课程"的开发与实践为突破口，在课程实践过程中，对课程体系，创客素养的实践性发展进行研究。成立由学校领导、骨干教师等组成的研究小组进行讨论、研究，拟订具体实施计划，由学校课程中心牵头，项目组成员实践跟进，边执行、边评价、边修改、边总结、边提升。

（4）案例分析法：在研究之中确定并跟踪一些典型案例，包括学生、教师和课程团队，进行连续三年深入研究，搜集他们能力基础情况、参与的课程活动、课程建设带给他们的影响等有关资料。通过综合分析研究，探讨课程与他们素养发展之间的规律。

（5）经验总结法：研究过程中，注意收集积累第一手研究实践资料，及时将研究和实践中出现的问题及解决的有效方法、典型案例等进行阶段性反馈汇总，通过研讨、交流、分享等不断改进、反思和提炼，通过撰写论文、教学反思等形式，总结形成最终成果，努力使之上升到教育理论高度，以此来指导新的教学实践活动。

（6）定性分析法：定性分析法就是对研究对象进行"质"的方面的分析。具体地说是运用归纳和演绎、分析与综合以及抽象与概括等方法，对获得的各种材料进行思维加工，从而能去粗取精、去伪存真、由此及彼、由表及里，达到认识事物本质、揭示内在规律。对学校实施的优秀教学方法进行分析，构建 CIC 品牌课程。

（7）描述性研究法：描述性研究法是一种简单的研究方法，它将已有的现象、规律和理论通过自己的理解和验证，给予叙述并解释出来。它是对各种理论的一般叙述，更多的是解释别人的论证，但在科学研究中是必不可少的。它能定向地提出问题，揭示弊端，描述现象，介绍经验，它有利于普及工作，它的实例很多，有带揭示性的多种情况的调查、有对实际问题的说明、也有对某些现状的看法等。学校通过不断发现问题，不断完善 CIC 课程理论体系。

（三）研究计划

本项目的研究周期为三年，具体分为三个阶段。

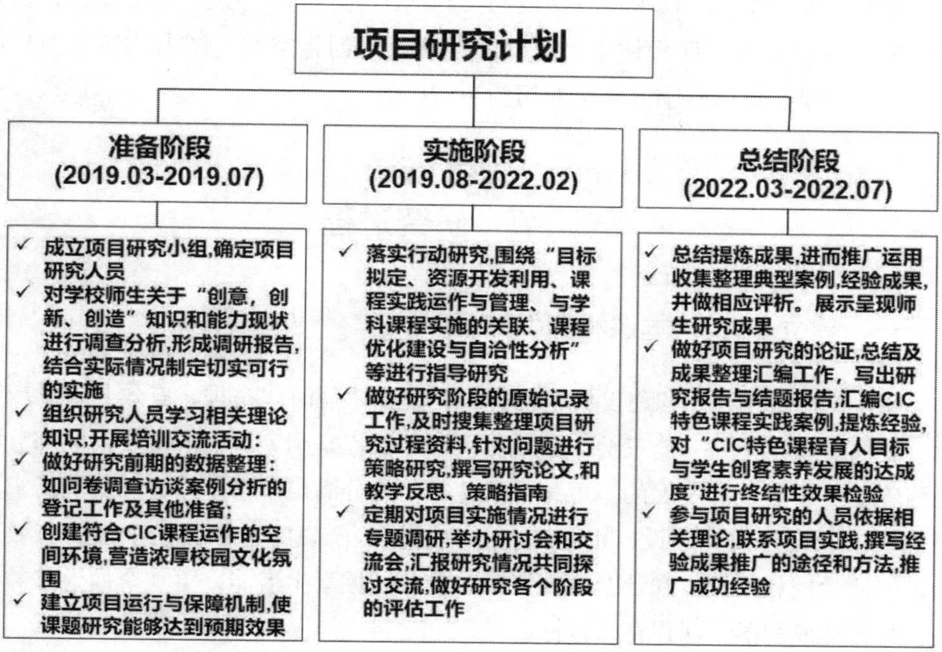

图 1-8 项目研究计划

（四）可行性分析

我校连续多年蝉联地市级教科研先进单位，多项科研成果在省市获奖；学校是"全国航空特色校""山东省创客教育基地"。近年来，我校先后承担了省教育科学"十二五"规划重点项目及多个地市级重点项目，并取得了一定成果。本项目由校长主持，核心成员由分管副校长、各学科骨干教师组成。他们都曾参加过上述项目的研究，有较强教育科研意识和能力，理论素养及实践能力都较高，能较好发挥骨干带头作用。

我校建有科创活动中心，涵盖创客空间、3D 打印室、创意编程室、综合实践室、课程开发中心等多个专项工作室，建有科创文化长廊、科创实验长廊，成立了二十多个学生科创社团；学校与哈工大（威海分校）和威海海洋职业学院等签订框架协议，聘任大学教授为校外导师；与市中小学综合实践教育中心、固废综合处理产业园、歌尔集团等开展全方位合作，提供技术支撑，丰富教育资源；与歌尔创客中心、荣成市乐高机器人俱乐部等社会机构携手，拓展学习空间。

学校能够保证创客教育教学和课程建设等经费及时、足额投入，设立"CIC

特色课程"建设基金，确保课程研发与实施的品质。本学年设立项目预算包括封闭研发、专家报告、课程评审、校园文化建设、创客空间、图书购置、项目研究、教师研修、评价奖励等各类费用约 30 万元。

第二节　研究进程

一、建立 CIC 校本课程开发路径

CIC 校本课程开发和建设要坚持科学，注重体现时代精神，有效凸显学校特色，扎实落实学生"三能三会"的培养。校本课程是国家课程的重要组成部分，是培养学生核心素养发展的不可替代的途径，充分满足了学生差异性发展需求。推进校本课程开发和建设，也是完善学生发展、凸显特色和弘扬个性的有效途径，促使学校利用校本和社会教育资源，充分挖掘学生潜能，更加全面地培养学生，真正达成和落实课程育人目标。

（一）以精致教育指导 CIC 校本课程开发

精致教育的终端是学生，学生如何接受精致教育，需要课程来实现。学校将"创客 CIC 课程"的建构与实施，作为实践精致教育的有力载体。"创客 CIC 课程"是在精致教育特色引领下，以"为每一个学生终身发展奠基"为办学理念，以"创客文化"特色建设为切入口，以实现学校特色建设精品化为目标，尊重学生认知规律和创新需求，鼓励学生合作学习与分享，培养学生分析解决问题、团队协作和创新实践等能力的学校特色课程。它从课程的规划设计和教学模式建设入手，围绕创新创造、合作交流、实践研究，通过课程内容的多样化、学习方式的专业化、课程管理的有序化、课程评价的规范化等推进课程建设的有效实施。

（二）CIC 校本课程开发基础

学校文化、师资、设备、资金、环境等都是影响校本课程开发的因素，也会制约学校校本课程的开发和管理，从而影响校本课程实施成效。因此，校本课程开发与管理要互鉴互用，要嫁接移植先进地区在校本课程建设中的成功经验，直接"拿来"已成形且高质量的校本教材，有效指导校本课程的建设和管理，在"为我所用"的过程中筛选和重组课程资源，通过再开发和再建设形成自己的特

色课程校本化。把体验式教学运用在特色校本课程实施中，在学生情感融合过程中落实课程培养目标。

1. 课程门类多样

在坚持"国家课程开足开齐、求精求实"的前提下，以"校本课程重视丰富多样、品质内涵、凸显特色"为原则，至 2018 年，学校教师参与开发 20 多门校本课程。一方面是限定必修课程，由学科拓展课程、各类专题教育课程以及综合项目课程组成，另一方面是知识拓展类和身心健康类课程，如《阳光心理》《蜡园诵读》《快乐阅读》《引桥课程》等学生自主选修的课程。

校本课程开发和建设是连续和持续的完善反思过程，必须要用评价激励机制来推动和推进。校本课程开发和建设的评价主体要多元化，学校教师、学生和家长要共同参与评价过程，促进教师、学生和学校主动参与、反思和教育。校本课程开发和建设的评价指标要多元化，评价指标要融合学生的课程参与度，学生的创新和实践能力，以及小组合作能力等，从学生的差异出发促进学生的个性发展。校本课程开发和建设的评价方法要多样化，要把行为观察、成长记录、展示作业、小组合作评价等有效融合，注重学生发展过程的形成性评价，不断深化和发展评价过程。

2. 课程开发有效

学校充分利用教材，进行了课程落位的跨学科整合，加强学科间有效联系，建构各学科课程资源整合利用及其相互衔接的课程结构，编撰形成多门整合课程，突出学生的实践参与，满足学生全面发展需要。同时，从建立开发制度、规范开发程序、明确开发内容、制定开发考核评价办法等方面入手，开发形成数量众多、种类丰富的拓展型、探究型课程，为学生提供了多元化选择空间。

培养学生的课程开发要坚持服务学生成长和未来发展，提升学生实用技能。课程开发要从教师的特长入手，要能给学生提供切实有效的帮助。校本课程开发、建设和实施要拓展国家和地方课程，增加生活价值课程与生活技能课程。根据课程设计理念开发实施阅读原著、写作训练、趣味数学、行为养成等班级课程。课程开发要整合和重组教育素材与课程资源构建课程内容模块，有效组织教学以实现学生有效学习，依据学生学习效果实施课程评价。

3. 教科研成果显著

近十年来，学校研究实施了 2 个国家级、3 个省级、11 个地级市级课题，以及近 20 个荣成级（县区级）课题，并顺利结题，同时有 12 项课题获省市县教育创新成果奖。开展的"生命化引桥课程的开发设计与实施的实践研究",为学科知识的有效衔接贯通,提高教师教学有效性提供了有益借鉴,"聚焦核心素养的蜊园悦读课程建设的实践与探索",提供了学生阅读实践路径和方法、评价体系建构等的经验指导……学校形成了浓郁教科研氛围,获评"威海市教育科研先进单位",召开了2次科研成果推广现场会,12次在各级各类会议上做经验交流和培训讲座。校长被评为"齐鲁名校长",30余名教师成为区域名师、骨干,近70名教师获得各级教育创新成果奖,整体教科研能力显著提升。

校本课程开发要从学校实际出发,找准课程创新的操作和切入点,找准课程开发特色和主题词,在开发过程中积累经验。因此,校本课程开发和建设要凸显创造性和创新观,有效提高校本课程实施效益。实施校本课程要大课时集中使用,灵活走班化。校本课程开发要定时、定点和定人,根据课程目标、实施内容和评价标准调控,确保稳定和质量。

4. 形成了合理的教师结构

学校现有教职工171人,166人为本科学历,5人为研究生学历;中高级职称教师107人,占比为62.5%;威海市级教学能手9人,学科带头人4人;荣成市级教学能手15人,名团队成员32人,占比为35.1%。全校教师平均年龄44岁,其中,30至35岁的有30人,36至45岁的有81人,他们均从事一线教学工作,是学校师资队伍的绝对主体。从教师成长角度看,他们正处于"熟练期""经验层",专业基础扎实,有一定经验积累,对教学较为熟练。从人生发展角度看,他们正处于精力旺盛,思维活跃,创造力强的阶段,是学校校本课程建设强有力的后盾。

(三)成立 CIC 校本课程开发团队

学校成立蜊江中学课程建设领导委员会和课程中心科研小组:一是负责顶层设计,规划年度课程开发目标,明确课程开发的目的、组织形式、开发进度、开发关键点、评审要求及相关激励政策等事项;二是提供过程支持与辅导,帮助教师理解课程计划,充分利用校内外资源,为开发课程的教师提供明确开发路径;三是管理课程的开发与使用,在课程研发过程中,通过"制定配当—封闭研发—展示汇报—打磨修订—审核验收—课程实施—效果评估"7个环节进行评估,调动教师参与校本课程研发的积极性。

（四）CIC 校本课程开发制度

根据国家课程大纲，学校落实新课标，坚持以一切为了学生的发展为本，以兴趣性、拓展性为主，发展学生个性为目标，让课程适应学生和促进每一位学生的发展。

确保每门课程开发都有课程纲要、活动（项目）设计、实施操作任务单和 PPT、评价细目表，方便参与授课的任何教师都可以直接使用或者二次开发利用。

所开发的 CIC 校本课程按照学校统一时间安排，提前申报、提交材料，供学校课程审核委员会审议。

自主开发的 CIC 校本课程需要经历学校集中组织的课程答辩环节。

二、构建教师 CIC 主题研修机制

为了更好地帮助学校教师提高 CIC 技能，学校构建了较为完善的教师 CIC 主题研修机制，帮助教师不断提高自己的教学技能，深入教学研究与实践。

（一）主题

主题研修中"主题"一词主要是指在各具体工作任务中所包含的相同或相近的共同属性，例如，实践性知识、操作技能和职业情感等的共同属性。主题是依据占据教师研修活动中主体地位的知识融合提炼而成的，体现知识阐述的核心精神，针对教师研修的实际需求，有效地融合了相关类型的知识形成对应主题，提高教师教育教学理念和参与研修的能力。在研修学习的过程中，应该依据实际情形对教师进行培养，以主题为主，充分激发教师的自主性和能动性。综上所述，主题研修中的"主题"，是指从教师教学实践中遇到的实际问题中提炼而成的，是教师专业成长关注的焦点和需要突破的专题。

（二）主题研修

主题研修指在每次研修前首先需要确定一个研修主题，也就是教师在教学中需要解决的某一个具体问题，其次全员围绕于这一研修主题进行准备，分别对自己的认识和理解进行阐述，并交流学习心得，产生思想碰撞和争鸣，并在最后进行总结反思，每次研修活动都能做到有理论的思考、案例的讨论和总结反思。主题研修的特征主要是基于某个或者某类主题进行研修活动。研修主题对学校支

持下的主题研修具有统领、引导作用，学校基于主题设立研修课程和添置研修材料，学员针对主题学习相关理论知识和实践技能。教师在主题研修活动过程中具备较好的自主性，能自我提高、自我反思与管理和长效可持续发展。

（三）机制

"机制"一词最早源于希腊文，原指机器的构造和工作原理。这个概念有两个要点：一是事物各部分的存在（结构或构造），是机制存在的前提；二是各部分之间的关系（实际的工作原理或具体的运行方式）。所以，"机制"就是以一定的运作方式把事物的各个部分联系起来，使它们协调运行而发挥作用。把机制的本义引申到教育培训领域，就产生了培训机制。简单地说，培训机制就是培训的运行方式，即把培训各要素有机结合起来，使得各要素能够充分发挥作用的运作方式。

1. 主题研修生成机制：回归起点，大力推进校本和联盟培训

培训的最终目的是帮助中小学教师树立正确的心态，提升知识和能力水平，解决教育教学工作中的难点、疑点，从而提升教育教学水平。基础教育培训最有效也是较直接的立足点是中小学教师的问题和需求。学校教研组和县区教育局教研室是能切实反映学校和县域内教师问题和需求的培训指导机构。在明确问题和需求的基础上，以主题研修为主渠道，发挥相关学校专业教研组的作用，在县区教研室的指导下开展有针对性的主题研修；以县区教研室组织的联盟教研为载体，集合区域的力量，集中攻关克难，解决联盟内教育教学中存在的主要问题，满足中小学教师的培训需求。

2. 师资成长机制：立足本地，构建高水平培训师团队

学校建立起专家团队、专职教师、兼职教师、协同教师、志愿者五支队伍。建构多元团队，形成专家指引、同伴互引、师生齐引、内外共引的引领模式，全员、全程、全面进行研究。

一是成立专兼职教师团队。

通过学校特色学科、"龙头"学科教师的传帮带，尽快构建承上启下的教师群体，形成梯队结构。通过外聘兼职教师和学校自培教师专兼职相结合的方式，建设一支稳定的特色课程教师队伍，以确保学生自主选修的需求。成立"蜊中名师工作室""创客工作室"，选拔培养中青年优秀教师。

二是建立教师志愿者共同体。

通过普遍提高和重点培养相结合，集中培训和个别学习相结合，组织不同群体教师按需培训，学习特色课程开发与实施理论、现代信息技术及前沿学科知识、跨学科知识等主题，定期组织课程实施专题研讨会等，让全体教师掌握校本课程实施的要领，全面提升教师课程执行力。

3. 评价深化机制：突破传统，全面推进研修效能评价

研修评价必须打破单纯关注满意度的局限，全面深化教育评价创新，不能仅注重主题研修的过程、内容和形式的评价，更应注重之后的应用评价，即通过研修的满意度、研修后提升层次等两个层面的评估来充分、准确反映研修效果。

三、设计 CIC 特色课程评价

（一）指导思想

1. 评价明确，操作性强

CIC 评价能够正确地引领 CIC 课程的建设方向，这样的评价才能更加切实有效地指导 CIC 课程的实践行为，真正地提升 CIC 课程每一个活动的质量。

2. 数量与质量兼顾，内容与过程并重

评价不仅要看 CIC 课程活动的结果，还要考察活动的过程；不仅要看 CIC 课程活动的形式，还要考察活动的内容；不仅要看 CIC 课程活动的数量，还要考察活动的质量。

只有数量与质量兼顾，内容与过程并重，才能真正准确而公正地评价 CIC 课程的建设情况，从而既能保证评价结果的信度和效度，又能有效地调动 CIC 课程的积极性。

3. 统筹兼顾，特色发展

CIC 课程是一个整体概念，涉及各个方面，评价时要考虑全面，尽可能考察到 CIC 课程的所有方面。但是不同的 CIC 课程，活动宗旨和活动目的也不同，活动内容也有明显差异，评价设计既要考虑学校管理的要求，还要照顾到 CIC 课程的品牌化、特色化发展。

5. 传承过去，创新未来

"创新是一个民族进步的灵魂，是一个国家兴旺发达的不竭动力。"

因此，CIC 课程的评价要依托课程的创新性，对学生的创新发展进行评价。

（二）评价原则

1. 一致性原则

围绕课程理念、目标一致性进行评价，即教、学、评的一致性，做到上位计划与下位评价一致。

基础课程随国家课程课时安排，每学期两三课时，学生全员参与，任课教师全员参与。

拓展课程以社团形式呈现，每周活动一次，两课时，每次不超过 20 人，有兴趣的学生和专业教师参与 (学校有大型活动可灵活处理)。

综合拓展课程，主要以研学的形式呈现，主要是校外实践活动，活动场地、时间随机，每次不超过 20 人，有兴趣的学生和专业教师参与。

CIC 课程的评价和学校的办学理念相一致 , 和学校的特色课程活动所体现的 "能合作、会创意；能担当、会创新；能求真、会创造" 相融合。

2. 自主性原则

学校的评价聚焦参与活动的学生，让学生参与组内评价与组外评价，发挥学生的主体性，让学生在活动过程中调动自己的积极性，发挥自己的潜能，同时能正确地评价他人也是个人素质的一个重要体现。

3. 科学性原则

在进行教学评价时，从教与学相统一的角度出发，以教学目标体系为依据，确定合理的统一的标准，认真编制、预试、修订评价工具 ; 在此基础上，使用先进的测量手段和统计方法，依据科学的评价程序和方法，对获得的各种数据进行严格的处理，而不是依靠经验和直觉进行主观判断。

4. 发展性原则

通过教师问卷调查，授课教师对课程开发进行深度思考，确认课程是否有继续的价值或者二次开发的意向。

评价着眼于学生的学习进步、动态发展，着眼于教师的教学改进和能力提高，以调动师生的积极性，提高教学效果。

评价着眼于促进学生发展，侧重观察和衡量学生的表现，着眼于促进教师教学水平的不断提高，激励教师转变观念，进行课堂教学的改革。

5. 创新性原则

课程的评价基于创新的原则，会对教学过程与教学成果具有创新性的进行额外加分，对学生成果的展示方式，如演讲稿、作品等多角度进行评价。

（三）评价方式

1. 特色评价方式

基于 CIC 特色课程的设置理念，对学生的活动采取多种评价方式，根据细节按照项目逐条打分，体现学校的精致教育。

2. 过程性评价方式

在学生活动的过程中，对参与活动的积极性进行评价，对活动过程中的各项表现进行评价打分，进而让学生更好地参与活动，而不是只注重结果。

3. 展示评价方式

对学生的成果进行评价打分，利用评价量表对学生的展示方式、展示语言和成果作品进行量化打分。

4. 多主体评价方式

采用自主评价、组内评价和教师评价相结合的方式，多维度多角度进行评价，学生在活动中不仅要达成自己的目标，也要和伙伴友好合作，共同进步。

（四）评价内容

1. 社团活动课程评价

首先，对社团活动课程管理评估。其标准是实施社团活动课程的过程中所采取的各种措施、手段，所制定的规章制度，所实施的具体管理是否有利于培养目标的实现，是否有利于社团活动课程的实施。评估的着眼点是考核相关课程实施效果和管理部门是否按照规定的任务和内容履行了职责。评估可以采取定量与定性、自评与他评相结合的方式。

其次，对社团活动课程实施评估。每个社团都有属于自己的社团资料，社团资料包括社团活动计划、学习内容安排、社团活动小组管理制度、社团活动记录表、社团点名册、社团学习资料、社团阶段性成果展示资料、社团活动剪影、社团活动总结等内容，此外，也涵盖了社团人数、社团活动开展情况等基本信息。社团资料是社团进行考核评比的重要依据。每学期末，社团要向学校 CIC 课程小组上交一份包括社团活动课程计划、课程内容和课程评价的工作总结，同时学校分管领导会根据社团资料和社团的日常活动情况，对社团进行打分和考核，形成社团评估报告，作为社团活动课程考核的参考依据。

最后，社团活动课程结束后，由学员、社长、指导教师以及行政领导等综合考查社团档案、总结以及评价报告等材料，评选优秀社团，同时反思提高，对于实施不力、社员不足的社团进行整改，必要情况下可取消社团资格。

2. 指导教师评价

教师在社团活动课程中担任课程的引导者、服务者的角色，负责对学生进行指导。对社团活动课程指导教师进行评价要从德、能、勤、绩等方面进行综合评价，重点考查指导教师在教学中是否调动了学生的积极性、主动性，是否将综合性的知识学习与学生的能力、态度和行为培养统一起来。并结合社团活动课程实施纲要、社团活动课程教材、社团活动课程备课、考勤记录、期末学生评价表、社团成果展示等对指导教师进行整体评价。CIC 课程领导小组应认真听取学生的意见，对指导教师进行公正客观的评价，将指导教师的教学课时计入工作量，将教师的指导工作实绩纳入学校绩效考核和评先评优工作中，并通过"优秀社团指导教师"评选等活动，进一步激发教师的积极性。

3. 加强社团活动课程的实施评价

评价在社团活动课程建设中发挥着重要作用，通过科学评价调动学生和指导教师的社团工作积极性；通过完善指导教师的考评机制，吸引一批优秀的社团指导教师，为社团的发展和社团活动课程的顺利实施贡献力量。

4. 社团成员评价

在社团活动课程的评价过程中，除了对学生知识、技能的掌握情况进行评价外，还要留意学生在各个阶段的进步情况，并关注学生的情感、态度、价值观的变化，促使学生养成正确的三观，充分发挥评价对于促进学生发展的积极作用。进行社团活动课程评价时，可通过学习态度、出勤率、进步程度、目标达成情况等参考指标，全方位多元化地对学生进行综合评价，及时发现并解决社团活动课程中出现的问题，保障学生的身心健康发展。

（五）评价反思

对于 CIC 课程的评价，也不是一成不变的，需要在不断的实践和探索中改进，从中找到更适合自己学校的特色评价。

第二章　CIC特色课程实践模式

第一节　培养目标

一、CIC育人目标

2019年，中共中央、国务院印发《关于深化教育教学改革全面提高义务教学质量的意见》，学校实行"五育并举"，不断优化和完善创新育人模式，进而落实立德树人的根本任务。

（一）打造学校CIC校本课程品牌

学校以创客文化为切入口，根据学生兴趣，通过项目式、探究式学习的方式，将教学过程从"知识技能传授型"转变为"问题任务解决型"，引导学生在"做中学"，鼓励学生展开探索，合作学习与分享，培养学生跨学科解决问题的能力、团队协作能力和创新实践能力。通过不断研究实践，构建形成涵盖"基础融合、拓展发展、综合探究"三类课程群的创客CIC特色课程体系，作为班级授课制学科教学的有益补充，共同指向学生品格养成和能力发展，打造学校特色品牌。

（二）优化学校课程实践体系

学校秉持精致教育的办学特色，以成就精彩人生为宗旨，坚持立德树人，落实"五育并举"，以满足学生的全面和个性化发展需求为目标，面向全体师生，构建CIC校本课程体系，作为由学科课程、德育课程等组成的蝌中精致课程体系的有力补充，全面实现培养"具有家国情怀、国际视野、创新精神、精彩绽放"的蝌中学子的课程育人目标，不断提升学校内涵品质。

（三）成就蜊园名师队伍

学校校本课程的开发与研究，是促进教师专业化成长与发展的有效途径。系列课程的开发需要教师充分发挥创造潜能，从教育实践入手展开研究，逐步提升研究的态度和能力，并提升"教学实践性知识"的能力，帮助教师实现由"教书匠"走向"专家型教师"的成长蜕变。学校借助课程建设，"倒逼"教师走出自我舒适区，勇于向内打破，为成长赋能，打造出一批蜊园名师，建成一支优秀教师队伍。

（四）培养"三能三会"蜊园学子

学校以激发学生兴趣，发展学生特长，拓宽学生知识，培养学生合作精神、创新意识、创造能力以及社会责任感为目标，培养"能合作、会创意；能担当、会创新；能求真、会创造"的"三能三会"新时代蜊园学子。

评价最终的目标不在于获得反馈，而是为了更好地培养学生的学习兴趣，促进学生的发展，评价更多地站在学生的角度，因人而异实施发展性评价，从而达到育人的效果。

二、CIC 课程目标

学校基于"为每一个学生的终身发展奠基"的办学理念，以"学生科学素养整体提升"为基点，初步架构起涵育具有"求真、理性、民主、质疑和创新"等科学特质和潜质的人才的探究型科技课程体系，整体优化课程结构，提供多元教育资源，为每一位学生提供丰富的、有意义的学习经历。

基础课程：学校基本课程是学校工作的根本，学校以学生发展为主，重视学生的自主发展，重在让学生参与学习、自主学习。注重学生学习方式的转变，新时代下的学习不再是被动的，而是向自主学习、探究学习、质疑学习等方式转变，以实践体验、动手操作、自主活动为主。

CIC 社团：社团是培养学生综合能力的重要载体，旨在培育学生爱好、扩大求知领域、增强动手能力、发展创新思维。通过社团活动的正常开展，引导学生学会自主实践、探究、思考，培养创新能力和实践动手能力。

CIC 家育：学生的成长，校园是主阵地，但是家庭教育也是不可缺失的一环，因此，家校共育是课程的一个重要组成元素。通过家育，让家长参与到教育中来，使家校间紧密结合，促进学生健康成长、全面发展。通过这样有效的措施，营造出良好的家庭、学校教育环境，坚持有问题马上解决，坚持目标导向、效果导向，保证所有措施都有助于学生成长。

CIC综合实践：综合实践是把学生放在一个开放的环境，让学生能够在这样的课程下思考，充分发挥自主性，激发问题意识，提升解决问题的能力；并在这个课程中养成合作、分享、积极进取等良好品质。

学校通过课程内容的多样化、学习方式的专业化、课程管理的有序化、课程评价的规范化等来推进课程建设的有效实施，从而促进广大师生素养的提升，推动学校发展，让每一位蜊中学子都能学有所获、学有所得。

第二节　模型建构

一、设计 CIC 教学流程图

一个学校教育教学由多个学科组成，学科教学离不开课堂教学，任何一个学科、一个学校、一个学段所设计的教学流程都应该有一定的区别，尤其是 CIC 理念的目标引领下的课堂教学，更应该有独特的实践流程。通过建构 CIC 教学流程图，广大教师可以合理有效高质量地开展教学活动，打造高品质的"致简课堂"。

（一）深化"致简课堂"建设，提升课堂教学内涵与品质

1. "致简课堂"实践范式

（1）"致简课堂"理论

精致教育，秉持为每一个学生的终身发展奠基的理念，用"尽精微，致精优"的教育策略与管理策略，把精致落实到每一节课堂、每一次教研、每一项活动中。学校围绕构建高效"致简课堂"的目标，从"课堂教学、课堂研究"等环节进行优化，从细处入手，从微处引入，精心研究课标，精细分析内容，精准设计目标，实现教学与课标的精密衔接。

（2）"致简课堂"内涵界定与分析

精致教育的终极目标是"大道至简"。在精致教育之中追求课堂教学之道

"至简"，主要指教学之中追求用最简单的语言、最简单的案例、最简单的对话、最简单的技术和极其简单的过程，精准达成教学目标，从而在精准与精确之中，实现精致化教育。教师在课堂教学中，只有尊重生命差异存在，遵循学生成长规律，才能找到课堂教学走向"道"的至简教育规律，才能实现"以人为本"的教育宗旨。

大道至简与博大精深是一体两面。大道至简意味着"少而精"，博大精深意味着"多而广"，两者是可以相互转化的。大道至简往往要博采众长，融会贯通，教师在"致简课堂"建设的实践中必须进行整合创新，博采众长，跳出传统课堂教学的条条框框，抓住教学的本质，剔除无效的、可有可无的、非必要的过程，融入简练而精准的内涵。

在推进落实课程改革过程中，学校坚持以培养学生发展核心素养为方向，积极推进自主合作探究的教学方式，初步呈现出重视学生的独立思考、基于问题或项目开展教学、充分利用信息技术和课外资源等明显的教学特征。但在实际教学中，仍存在课堂上教师把控过多，缺少对学生创新思维、创造能力的培养等问题。学校对原有"致简课堂"进一步深化、细化，在建构"致简课堂"与研究特色课程实践的基础上，从教学目标、教学内容、教学方法、教学过程和教学评价等方面做相应调整，不断完善"致简课堂"教学模式，力求探索促进学生全面发展的"致简课堂"范式与策略，有效促使课堂教学真正向精细化、个性化发展，并实现由关注整体发展到关照个体差异的转变。

"致简课堂"是指教学板块不多，教学流程不复杂，从教学目标到教学环节，从教学方法到教学语言都不蔓不枝、干干净净、去繁就简，实现艺术化、高效化的课堂教学。它彰显简单，蕴含"丰满"，透露精致，追求高效，是最适合师生平等和谐发展的课堂。具体表现为：教学目标简明适切，并趋向个性化；教学内容简约适合，并归向生本化；教学方法简易适用，并倾向项目化；教学过程简洁适度，并导向生成化；教学评价简单适当，并走向多元化。

2. "致简课堂"实践范式——课堂新型的育人模式

（1）核心要素：一轴两翼 CIC 素养培育

为了在课堂教学中更好实现学科课程标准要求，有效提升课堂教育教学质量，明确课堂教学核心原则和基本流程，学校将"致简课堂"的核心要素定义为"一轴两翼"。"一轴两翼"是指核心原则，以创新为"一轴"，以创意、创造为"两翼"，以"发现问题、实践探究、提炼总结、迁移应用、持续探索"为基本学习流程。教师提供"情境渲染、民主开放、工具支持、多元评价"教学支撑和服务，以实现学生综合素养的提升。

环境向：课堂环境是指教师运用自己的智慧和创造力，把课堂营造成民主开放的环境，让学生进行实践体验，使他们在学习活动中感悟道理，体验情感，规范行为，提高能力。通过宽松和谐、赞扬欣赏、认真倾听等方法创设民主平等的师生关系，在交流互动、合作提升、留白反思中培养学生的创新意识和能力。

动力向：课堂学习需要动力，教师通过情境渲染以诱发、启发、激发方式调动学生的学习动力，在课堂中诱发学习兴趣，挖掘学生心理潜能；启发认知明理，指引学生激情导行；激发内驱力，强化学生学习动机，使师生间产生共情、共鸣、共振。

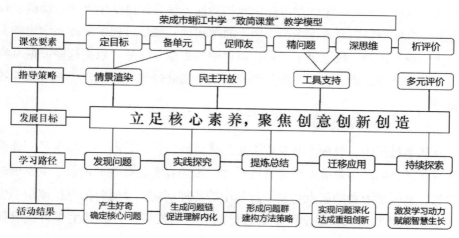

图 2-1　"致简课堂"实践图谱

目标向：课堂教学不仅关注学生学习成绩，更要发现和发展学生多方面的能力。从主体多元化，内容多维化，方法多样化，建立多元评价体系，促进学生全面发展。教师根据融会贯通程度、举一反三能力、学以致用的程度制订学生认知领域学习评价；根据即时语言评价、肢体语言评价等激励评价建立情感领域学习效果的评价及学生参与学习活动精准程度的判断性评价。

技术向：课堂教学需要有学具、教具、信息技术手段等工具的支持。

（二）研制并应用"致简课堂"教学评价细则

1. 评价原则

课程"落位"原则——学科课标落实到位；学校课程理念、目标落实到位。

　　教师依据学科课程标准、学校课程理念等，结合学科特点、实际教学情况制订详细的教学目标，目标中的"行为动词"应是可测量、可评价的，"行为条件"是清楚的，"行为程度"是明确的，依据教学路径图和课堂要求设计合理的教学评价，让教师能明确自己"教到了什么程度"，学生清楚自己"走到了哪里"。

　　（1）依据"致简课堂"实践范式展开原则

　　学校遵循"致简课堂"的"三个规律、四个关注、五个有效、六个要素"，立足学生的现实性，着眼于学生发展的可能性，关注对学生学习力、合作力、创新力和评判力的培养，着力体现师生关系的民主性、学习方式的交互性、学习目的的建构性。通过对课堂教学各环节、流程的评价，引领教师由关注知识和技能的积累，到注重激发学生的学习动机和创造性思维，促进学生兴趣与动机、行为与态度、合作与自信等方面综合发展。教师在课堂教学过程中要搜集学生各类信息，比如观察记录、反思笔记、合作研讨中的表现与作品，根据这些证据真实地记录下学生个性品质、精神态度、学业水平的发展过程，形成学生核心素养的发展轨迹。

　　（2）尊重差异的原则

　　在教学过程中，教师不断发现学生的优势和特长，诊断问题和不足，尊重学生现有状态，同时用发展的眼光看待学生，做到真实、有效地记录学生发展过程的信息，重视学习者的起点与发展过程中的各种问题，及时将信息反馈给学生，引导学生学习和反思，使学生了解自己的成长与发展，促成其生成自我成长的能力。

　　2. 评价形式

　　评价主体上，评价由学生自我评价、学生互评和教师评价等构成，激发学生从多方面进行反思。

　　评价形式上，评价采取竞赛式、创作式、测试式、表演式、档案袋式、表格式、素养进阶式等形式，强调定量评价和促进学生反思的描述性的评价相结合。

（3）评价指标

表 2-1 学生学习评价表

评价维度	指标描述			评价主体		
	第一阶梯	第二阶梯	第三阶梯	自评	互评	师评
好奇	对新事物有着浓厚的兴趣，喜欢提问，经常性地刨根问底	思维跳跃，富有想象力，说话总有个性的表达，有独特的见解	动手能力强，敢于尝试，对于充满挑战的事情富有热情			
模仿	消极被动观察，只能简单模仿别人的行为	能按照要求模仿别人的行为活动，抓住关键要素进行尝试	积极主动观察，能抓住核心要素，还能把握细节			
提问	能根据现场情境说出简单的问题	能提出有针对性的问题	能提出既有强针对性，又具有可操作性的问题			
讨论	不能全神灌注倾听，不参与讨论，不会归纳总结	能参与一部分讨论过程，对别人的观点不能提出异议	积极主动地倾听和参与，对别人的观点能够质疑，且提出自己的见解			
设计	了解需求，能初步设计一个简单的方案	依据需求设计一个能操作的实施方案	根据需求设计一个完整的、可操作的实施方案			
制作	初步使用工具审读设计方案，现场没有建议	会使用工具审读设计方案，能提出自己的建议	熟练使用工具审读设计方案，友善地提出合理化建议			
表达	能将问题主动清晰地呈现出来，还能说出自己的想法	观点独特，能积极呈现自己的个性见解或作品	能情感饱满地呈现自己的创意和创作，引起同伴共鸣			

表2-2 教师教学评价表

评价项目		课堂观察并记录（用√突出选择）
目标与内容	教学目标	A.目标明确，目标全面（包含知识、能力、情感），目标合理（符合学生认知水平）；B.目标不明确；C脱离实际
	教学内容	A.容量适当，联系学生生活实际；B.容量不当；C内容单一
方法与技巧	教学方法	A.讲授，示范，分组活动合理；B.方法单调；C.方法不合理
	资源运用	A.适当，引发学生的兴趣，有效；B.不适当；C.未能妥善运用
	照顾学习差异	A.了解不同学生学习的进展，调节教学以照顾学习需要，提供不同层次的活动和练习；B.未能留意个别学生的需要；C.明显地偏袒
互动与氛围	表达	A.清晰，扼要，有条例，有感染力；有启发性；B.欠流畅；C.重点不明确
	演示	A.准确，能突出重点，有条理；B.有错误；C.无效
	提问	A.察看学生是否理解，有助于讨论，引导学生探索，引发不同思考方式，引发高层次思维能力；B.较少引发学生思考；C.未能引发思考
	回馈	A.赞同，奖励，具体指出学生的进步，引导学生自我完善；B.不赞同，惩罚；C.未见实质性的评价
	学生互动	A.鼓励回应和发问，给予有意义的问题，鼓励学生互动，引发高层次思考；B.师生或学生间互动不足；C.未见互动
	学习氛围	A.与学生建立良好关系，和谐，激励；B.沉闷；C.不和谐，恶化
组织与管理	课堂组织	A.激发维持学生学习兴趣，安排切合学生能力的情景，教学活动安排有序，教学节奏恰当，学法指导，促进知识理解；B.准备不足；C.安排不当
	课堂常规	A.已建立课堂常规，妥善布置环境以助学习，对课堂行为有清晰的要求；B.活动衔接不够顺畅；C.未重视课堂常规
	纪律处理	A.正视不正当行为并做出处理，一视同仁、公平地执行规则，强化良好行为；B.课堂秩序一般；C.未能维持课堂秩序
教学特色		A.形成自己的教学特色，有突出的亮点；B.特色不明显；C.没亮点

（三）"致简课堂"实施要求

落实"精准教导"，促进学生的"充分学习"：拒绝"过度教导"，做到"适度教导"；减少"直接教导"，增加"间接教导"；减少"教师给予"，鼓励"自己习得"。

落实"多维教导"，促进学生的"生动学习"：情境化地呈现知识，指导学生以多样化方式展开学习，引导学生进行反思学习。

落实"情感教学"，促进学生的"体验学习"：以情激情，使学生与教师产生情感共鸣；以境激情，使学生与文本产生情感共鸣。

提供"多元立场"，促进学生的"批判学习"：是建构而非洗脑；知识是真理，也是建构。

对学科的要求：

（1）文科：文科学科主要有语文、英语、道德与法制等。文科课堂应创设和谐的教学氛围，充分发挥学生的主动性，应该注重学生的思维活动，把课堂变成学生的乐园。所以文科教师首先要做到注重课堂气氛，激发学生的学习兴趣。教师要精心设计教学内容呈现的方式，挖掘教材中的内涵，以激起学生对学习材料的兴趣，调动学生积极的情感。

其次，文科教师要设计难易适度的问题，激起学生自主学习的动机。教师要深钻教材，熟悉课堂教学目的，了解教材重点、难点，结合课后思考、练习中的问题，结合学生的知识水平，遵行由易到难、循序渐进的原则，设计出富有启发性的问题。

另外，文科教师要设计新颖有趣的活动，让学生动起来。为了强化语文课堂上学生的思维活动，教师需要调动学生多种感官的协同活动，让学生在积极参与教学的过程中掌握知识，培养能力。

（2）理科：理科学科主要有数学、物理、化学、生物、地理等。理科课堂更应该注重学生的思维品质和科学素养的培养，注重增强与社会进步、科技发展的联系。为此，课堂上教师应严格按照学校更新的六要素——"前置目标、有效提问、师友合作、学科要素、精准练习、归纳评价"进行落实。

教师在授课过程中要确定符合实际的内容要求和难度要求，设置科学合理的教学目标。明确的教学目标，是指一节课，符合对应年级段的要求，符合学科的要求，符合学生实际。教师在授课过程中要建立新型的教学方式，创设有利于引导学生主动学习的课程实施环境；引导学生转变学习方式，提高学生自主学习、合作交流以及分析和解决问题的能力。教师要优化教学策略和教学评价，恰当灵活地运用有效的教学方法和手段，精讲精练，及时反馈、有效调控，切实提高教学活动的精简实效。教师要善于运用启发法和发现法，启发学生思维的积极性，利用一题多解培养学生的"立体思维模式"，利用分层教学提高不同层次的学生思维能力，利用导图对知识建立横向、纵向的归纳体系。对于实验学科要注重实验教学，要进行科学探究的教学，要让学生体验、参与知识的发展过程，鼓励学生大胆猜测，去探索、去思考、去发现，尽最大可能地培养学生独立思考、科学探索的习惯。

（3）综合学科：综合学科既包含某个分科课程的内容，又包含另一个或几个分科课程的内容，同时能体现各分科课程之间的共同点与联系点。

具体要求是将课程内容维度与学习个体维度相结合。课程内容维度指现存的、既定的课程材料，属于人类文化传承的间接经验部分；学习个体维度指学生在课堂活动中获得的关于世界、社会、人生的直接经验，这些经验的获得因学生的个体差异而各不相同。

综合学科的出发点是让学生通过个体经验的发展，自主发现个体经验与社会经验的有机联系与统一；使学生获得整合的个体经验为课程的主要目的。

对教师的要求：

（1）对年级教师的要求

首先，年轻教师的教学基本功要过硬。根据现代教学论的观点，课堂教学艺术对于构成和谐的课堂教学状态起着重要的影响和作用。因此，青年教师在课堂教学中要充分重视和体现课堂教学美，这就要求青年教师必须苦练教学基本功。其次，教学方法要灵活多变。教师可以采用设置疑点，激起"认知冲突"。通过观察、实验、引发思考、探索、类比或比喻、沟通、联想等方式，来启发学生把注意力向所要解决的中心问题集中，用教师的教来引导学生的学，顺着学生思维发展的优势，因势利导地提示和点拨，从而达到"茅塞顿开"的境地。

（2）对研究型教师的要求

研究型教师要有科研与反思的能力。研究型教师的语言更要简洁、生动富有感染力，不仅要把该说的话说清楚，更要触动学生的心灵，激发学生的情感；动作要和谐得体，引起学生的注意。研究型教师还要发现和承认自己认识上存在的矛盾和问题，才能激发思维的展开，确定思考的范围的指向，根据存在的问题，广泛收集资料，提供科学思维以思考的依据。研究型教师在充分占有材料的基础上，进行深入分析和思考，根据客观的、科学的标准进行对照，得出科学的结论。

（3）对专家型教师的要求

专家型教师具有丰富的教学策略，并能灵活应用，以学生为中心并具有预见性。专家型教师的教学细节是由课堂教学活动中学生的行为所决定的。他们可以从学生那里获得一些有关教学细节的问题。另外，专家型教师在制订课时计划时，要能根据学生的先前知识来安排教学进度。专家型教师会在头脑中形成包括教学目标在内的课堂教学表象和心理表征，并且能预测执行计划时的情况。

对学段的要求：

（1）低年级（初一、初二）

低年级注重学生学习习惯的培养，良好的学习习惯是一种自觉的学习行为，能提高学习效率。主要是以下学习习惯的培养：

尊重老师的习惯；

专心上课的习惯；

积极思考的习惯；

敢于提问的习惯；

仔细审题的习惯；

善于归纳的习惯。

（2）高年级（初三、初四）

创设情景，营造思维活动的环境。

驱动型问题引领学生积极主动探求知识，发挥创造性。

学科导图的即时运用，建构知识体系。

多维度归纳评价，树立学生学习的信心。

（四）学科化落实"致简课堂"要求

1. 科学学科

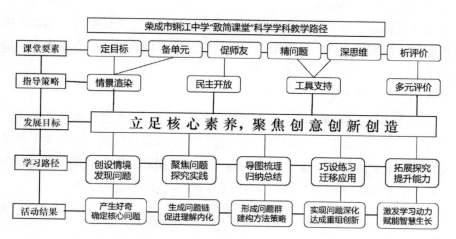

图 2-2 荣成市蜩江中学"致简课堂"科学课堂教学路径图

①创设情境，发现问题

课堂上，教师依据已有的知识经验设计一些生动活泼、新颖、有趣、富有挑战性、具有探究价值的问题情境，让学生身临其境，引导学生主动发现和提出问题，并通过师友合作讨论、交流问题间的关系，以确定核心问题。

②聚焦问题，探究实践

人类思维的价值主要体现在"发现问题"以及"解决问题"上。一个孩子问得越多，就越能显示出他有更大的潜能去发现问题。"牵一发而动全身"，在核心问题的统摄下，学生会生成很多问题，又通过提问、追问，前后问题相承，不断深化、不断拓展形成一条问题链，达到深度理解的目的。学生在解决问题链的过程中既培养了探究能力，养成了探究意识，又能层层递进学习内容，最终达成教学目标。

③导图梳理，归纳总结

引导学生利用学科导图对本节问题进行归纳梳理，从最初的发现与提出问题，到解决问题过程中的持续探索与追问，在追问的过程中形成一条问题链，从而深度建构问题系统，发现学习路径，精致认知结构，发展学科核心素养。学生整个学习的过程，就是发现问题、诊断问题、分析问题、界定问题，最后去解决问题的过程，学生通过思考、通过实践去解决问题，通过若干个过程的积累，形成一种学习的能力，同时形成一种知识的结构。

④巧设练习，迁移应用

通过变式训练、联系生活等引导学生学会迁移应用，能运用所学知识解决学科类似问题，或解决生产、生活中的实际问题，培养创新能力、合作能力、解决问题的能力。

⑤拓展探究，提升能力

致简课堂不在于教师完成了多少教学任务，而在于学生真正学会了多少。教师引导学生在本节课解决问题的过程中又能自主发现新的问题，让学生不断经历解决老问题—解决新问题—解决疑难问题—发现新问题的学习循环，激发学生新的学习动力，促进学生学习过程的发展，带给学生新的知识与活力。

表 2-3 蝌江中学科学课堂教学评价表

评价内容	评价指标	项目级分		
创设情境发现问题（20分）	1. 是否创设具有探究价值的问题情境，引导学生主动发现和提出问题	10	8	6
	2. 是否引导学生梳理问题间的关系，并确定出核心问题	10	8	6
聚焦问题探究实践（30分）	1. 核心问题是否精准表达整节课的内容，能否提纲挈领地辐射和管辖起其他教学内容	10	8	6
	2. 能否设计一系列有价值的问题链，引导学生逐步突破重难点	10	8	6
	3. 是否能引导学生不断地追问，达到深度学习的目的	10	8	6
导图梳理归纳总结（20分）	1. 是否能引导学生利用学科导图对问题进行梳理总结，形成问题部落	10	8	6
	2. 是否能引导学生寻找解决问题的策略和方法	10	8	6
巧设练习迁移应用（10分）	1. 是否能引导学生运用所学知识解决学科类似问题或解决生产、生活中的实际问题	10	8	6
拓展探究提升能力（20分）	1. 是否能引导学生自主发现新的问题	10	8	6
	2. 是否能引导学生设计合理的实验探究方案去探究新的问题	10	8	6
综合评价	优秀（90—100分）	较好（80—89分）		一般（80分以下）
等级				

2.语文学科

（1）荣成市蜊江中学"致简课堂"语文学科（新授课）教学路径

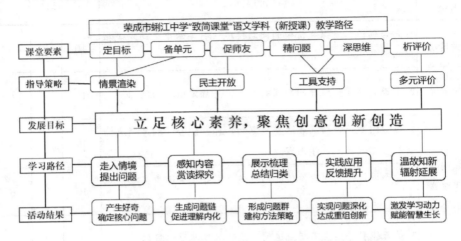

图 2-3 荣成市蜊江中学"致简课堂"语文学科（新授课）教学路径

①走入情景，提出问题

课堂上教师依据已有的知识经验设计一些生动活泼、新颖有趣、富有挑战性的生活情境，让学生身临其境，更好地调动感情，激发学生内心的感情共鸣。让学生初读课文，然后就文章的主要内容、感情倾向、写作特点、人物形象等总体风格进行提问，让学生想想、说说、议议，激发学生课堂学习的兴趣，引导学生敢于提出自己的问题。

②感知内容，赏读探究

教师引导学生在浏览课文时，提出有价值的问题，形成围绕教学目标的核心问题。通过引导学生选准角度，例如，抓住重要的文句和标志性的词语，整体感知文章内容，生成以核心问题为中心的问题链，引导学生赏读探究，初步理解问题。

③展示梳理，总结归类

教师引导学生通过师友合作、小组合作等方式对赏读探究形成的问题链进行展示梳理，归类统一，形成问题部落。引导学生对文章的语言反复理解、体味、推敲，形成品读语言的思维方法。

④实践应用，反馈提升

教师引导学生根据所学捕捉文章的重点，抓住文章精妙之处细心品味，从一个个标点、一个个词语、一个个句子中去玩味语言，通过细嚼慢品，激发学生与作者的情感共鸣，加深对语言文字的理解，提高感悟能力。

⑤温故知新，辐射延展

教师引导学生能够归纳总结课堂学过的规律，在熟练应用课后文章的理解和练习中辐射延展，培养学生对语言的积累，注重语言的运用，指导学生进行写作训练。

（2）荣成市蜊江中学"致简课堂"语文学科（复习课）教学路径

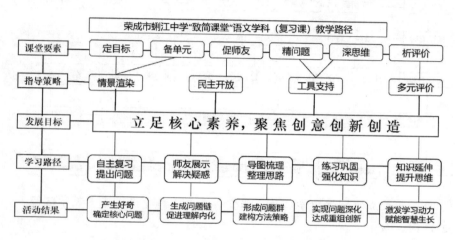

图 2-4 荣成市蜊江中学"致简课堂"语文学科（复习课）教学路径

①自主复习，提出问题

学生在复习目标的引领下，先自主复习老师布置的学习任务，并记录自己的疑惑。然后学生互相交流自己复习的心得，解决疑惑，并记录下来以待全班交流。

②师生展示，解决疑惑

学生交流复习心得，学生点评补充，老师最后点评指导学生复习产生的系列问题，形成问题链，以促进思维理解。

③导图梳理，整理思路

学生自主运用思维导图梳理各专项知识点及解题思路，班内交流后，学生互相查缺补漏，形成知识的系统化。

④练习巩固，强化知识

通过精准练习，实现问题的深化及创新，强化学生对各知识点的理解和掌握。

⑤知识延伸，提升思维

通过拓展延伸练习，激发学生学习动力，引导学生持续探究，由课内延伸到课外，赋能智慧生长。

（3）荣成市蜊江中学"致简课堂"语文学科（讲评课）教学路径

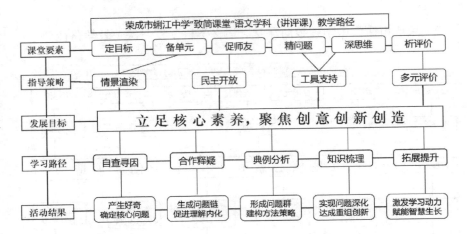

图2-5 荣成市蜊江中学"致简课堂"语文学科（讲评课）教学路径

①自查寻因

学生根据试卷自查问题，总结原因；对照答案，纠正错误。

②合作释疑

自查自纠未解决的问题，小组合作质疑探究，智慧共享。

③典例分析

对未妥善解决以及出错率高的典型问题，小组间相互学习借鉴，讲解展示。老师适时点拨指导，针对错题率高的共性问题进行讲解、评析，分析形成的原因，引导学生理清解决问题的思路和方法。

④知识梳理

教师结合试题中学生暴露出来的问题和短板，引导学生对知识进行梳理，完成知识的内化。

⑤拓展提升

针对共性问题，设计补漏练习，诊断讲评效果。通过做题反馈，强化指导，使学生形成思路，举一反三，拓展提升。

（4）荣成市蜊江中学"致简课堂"语文学科（作文课）教学路径

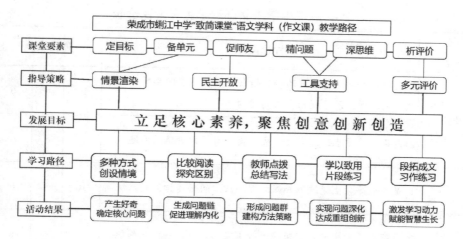

图 2-6 荣成市蜊江中学"致简课堂"语文学科（作文课）教学路径

①多种方式，创设情境

课堂上教师创设写作情境，触发学生的生活体验，唤起他们急于表达、乐于作文的写作动机。在此基础上，明确本次写作的训练要求。

②比较阅读，探究区别

教师引导学生通过比较阅读课内外的范例，精思细析，探究写法。在教师的引导下，由学生构建以训练要点为核心的写法策略框架。

③教师点拨，总结写法

在教师的引导下，引领学生探究写作方法，由学生构建以训练要点为核心的写法策略框架。

④学以致用，片段练习

创设片段写作情境，以片段的形式来训练写作要点，发现写作问题，重锤训练要点，以点带面，将课堂所学写法落地生根。

⑤段拓成文，习作练习

整体构思，打好写作底稿，由段到篇，连缀成文。以评价量表为标，循表量文。

表2-4 蝌江中学语文课堂学生表现评价表

评价内容	评价指标	项目级分		
创设情境 提出问题 （20分）	1.是否根据学生已有经验进行情景设置，激发学生学习的兴趣，引导学生敢于提出自己的问题	10	8	6
	2.是否引导学生通过自读课文，提出有探讨价值的问题	10	8	6
感知内容 赏读探究 （20分）	1.是否引导学生通过感知课文围绕核心问题建构问题系统	10	8	6
	2.是否引导学生根据问题链进行探究，初步理解内化知识点	10	8	6
展示梳理 总结归纳 （20分）	1.是否引导学生独立思考，大胆质疑，通过合作展示解决问题	10	8	6
	2.是否引导学生对展示问题进行比较归纳，总结语言的思维方法	10	8	6
实践应用 反馈提升 （20分）	1.是否引导学生在具体的语境中运用所学知识，呈现问题解决的情况	10	8	6
	2.是否引导学生应用已经掌握的规律，研读文本，举一反三地看待问题	10	8	6
温故知新 辐射延展 （20分）	1.是否应用已经掌握的知识，解决新问题	10	8	6
	2.是否引导学生注重对语言的运用，从而提升学生的写作能力	10	8	6
综合评价	优秀（90—100分）	较好（80—89分）		一般（80分以下）
等级				

3.数学学科

（1）荣成市蜊江中学"致简课堂"数学学科（新授课）教学路径

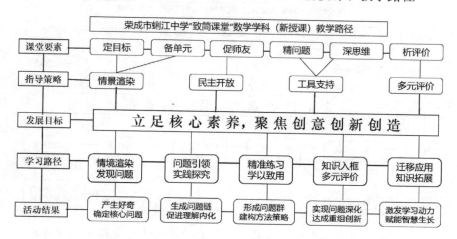

图 2-7 荣成市蜊江中学"致简课堂"数学学科（新授课）教学路径

①情境渲染，发现问题

创设学生熟悉的生活中的情境，激发学生的学习兴趣，引发学生的探究欲望。

②问题引领，实践探究

设计有效问题链，形成问题群，给学生提供科学的学习支架，引导学生采用自主学习或合作学习进行探究，获得新知。

③精准练习，学以致用

设计典型例题和变式训练两个层次的精准练习，让学生体会到学习数学的意义，学以致用。

④知识入框，多元评价

引领学生对本节课的数学知识和数学思考方法进行归纳总结，形成知识网络，通过自评、互评、师评检验学生对本节课学习目标的达成情况。

⑤迁移应用，知识拓展

运用所学的知识解决生活中的数学问题，达到让学生内化知识、拓展迁移的目的。

（2）荣成市蜊江中学"致简课堂"数学学科（复习课）教学路径

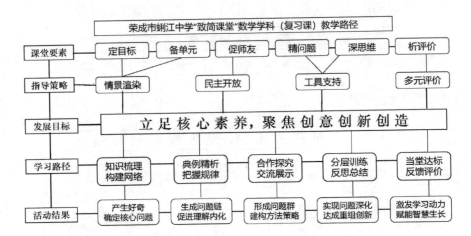

图 2-8 荣成市蜊江中学"致简课堂"数学学科（复习课）教学路径

①知识梳理，构建网络

利用思维导图对本章节知识进行系统的梳理，整体构建知识网络。

②典例精析，把握规律

针对复习内容精选典型例题，再对此类型题进行变式训练，进行迁移拓展，使学生思维得到深度发展。

③合作探究，交流展示

将部分问题进行师生合作，学生互相交流、探讨。老师帮助学生解决相对容易的问题；对于较难的题目师生共同探究，在班上交流困惑、思路以及做法。

④分层训练，反思总结

通过"精问题"的设计，引发学生"深思维"。课堂练习中，学生先完成基础题，再完成提高题，通过反思总结，提升自己举一反三的能力。

⑤当堂达标，反馈评价

精选有梯度的题目进行分层达标检测，并针对学生的掌握情况及时反馈评价，让不同层次的学生都有不同程度的收获。

（3）荣成市蜊江中学"致简课堂"数学学科（讲评课）教学路径

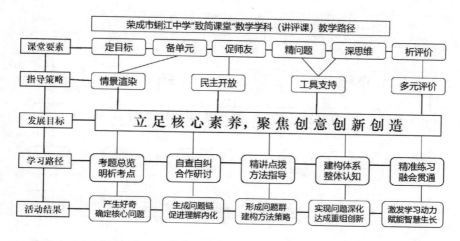

图 2-9 荣成市蜊江中学"致简课堂"数学学科（讲评课）教学路径

①考题总览，明晰考点

批阅试卷，总览考题，分析基础知识、综合运用掌握情况，摸排难题，对学生答题情况进行分析，从而有的放矢地进行讲评。

②自查自纠，合作研讨

课堂核对答案，学生先通过自查自纠，订正整理错题，再合作交流，学生互助解决自己无法解决的问题。

③精讲点拨，方法指导

收集小组未能解决的问题，教师对典型题目、易错知识分类整理，进行方法技巧的点评指导。

④构建体系，整体认知

学生纠错完成后，整理构建思维导图，梳理经典题型，归纳总结解题技巧和规律。

⑤精准练习，融会贯通

根据学生的知识漏洞，课中课后再次进行变式练习、精准训练，及时弥补漏洞，巩固学习效果。

（4）荣成市蜊江中学"致简课堂"数学学科（习题课）教学路径

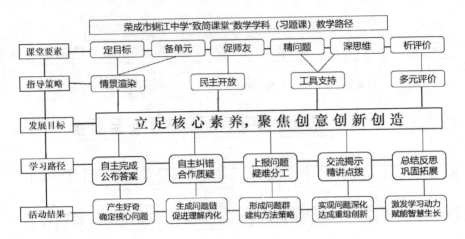

图 2-10 荣成市蜊江中学"致简课堂"数学学科（习题课）教学路径

①自主完成，公布答案

学生自我探索，尝试解决问题，对头脑中原有的知识信息进行分类加工，找出与解决问题有关的内容。

②自主纠错，合作质疑

学生参考答案自查自纠自悟，找出做错的题目，进行订正。组内交流有疑问的问题，由会做的学生讲解思路，加强小组间的合作交流。

③上报问题，疑难分工

有能力的小组自主认领讲解各组上报的疑难问题，组间加强交流学习，寻找最优方法或一题多解。

④交流揭示，精讲点拨

学生在交流的过程中，产生思维碰撞，教师对问题进行追问，学生尽可能独自地思考、分析、探索、解决问题。

⑤总结反思，巩固拓展

学生反思自己的探究过程，与同学合作探讨，最后用思维导图对知识进行梳理归纳，构建自己的知识网络。

表 2-5 蜊江中学数学课堂学生表现评价表

评价内容	评价指标	项目级分		
情境渲染 发现问题 （15分）	1.设计问题是否与学生实际生活与兴趣建立自然的联系，能否激发学生主动学习、探索创新的热情	5	4	3
	2.是否利用问题激活学生思维，激发学生的学习兴趣和学习动机	5	4	3
	3.是否能够引导学生发现问题之间的联系	5	4	3
问题引领 实践探究 （35分）	1.是否能够引导学生始终关注问题解决过程，能够帮助学生完善问题的解决途径	10	8	6
	2.学生学习遇到困难时，是否能够运用引导讨论和有效提问的技能，引导学生主动学习、探索实践	10	8	6
	3.是否能够始终关注每一个学生的学习，通过追问引导学生辨别问题的学科价值	10	8	6
	4.是否能组织引导学生主动参与，充分发挥学生的主体作用，符合学生认知规律，循序渐进，逻辑性强	5	4	3
精准练习 学以致用 （15分）	1.是否聚焦核心问题的解决	5	4	3
	2.是否能够引发学生发现问题间的关系	5	4	3
	3.是否能够合理安排合作活动，组织交流分享	5	4	3
知识入框 多元评价 （20分）	1.是否能够通过板书等帮助聚焦有价值的问题，形成完整知识脉络建构，帮助学生知识入框	10	8	6
	2.是否能够促进学生反思回顾问题解决的过程，形成学习经验，体会常用数学思维	5	4	3
	3.是否能够通过各种评价手段，及时准确全面获得学生问题解决的信息	5	4	3
迁移应用 知识拓展 （15分）	1.是否能引导学生设计学习任务，自定学习步骤	5	4	3
	2.是否能指导学生规划学习方案，设计学习步骤	5	4	3
	3.是否能引导学生完善问题系统，归纳学习路径	5	4	3
综合评价	优秀（90—100分）	较好（80—89分）		一般（80分以下）
等级				

4. 英语学科

（1）荣成市蜊江中学"致简课堂"英语学科（听说课）教学路径

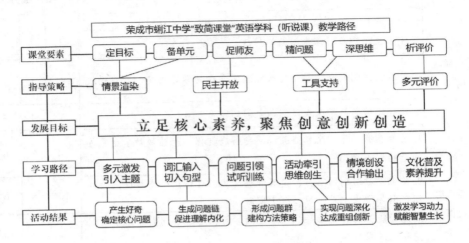

图 2-11 荣成市蜊江中学"致简课堂"英语学科（听说课）教学路径

①多元激发，引入主题

在听说活动前，教师要采用多元的方式，比如播放图片、视频，或者讲述内容相关的小故事等来吸引学生兴趣，体现出新、巧、齐、乐等特点，从而达到对听说相关主题的初步认知。

②词汇输入，切入句型

在学生进行听说活动前，教师可以通过展示图片、玩小游戏等多种方式帮助学生厘清听力活动中的单词及句型，为学生听力活动扫除障碍，帮助学生巩固相关单词和句型。

③问题引领，视听训练

根据听力材料提出一系列问题，由浅入深，生成问题串、问题链，引导学生进行听力训练，提高捕捉文本信息能力。听后通过抢答、讨论、争论、辩论等协作探究活动，让学生精研文本细节，训练其从同一文本中探求不同信息，提高学生求异思维能力，从而有效理解听力材料内涵。

④活动牵引，思维创生

以形式多样的活动为抓手，鼓励学生在活动中思考总结，充分挖掘听力中的信息，构建起多组对话话轮，激发学生的创新创造意识，梳理对应的话题导图。

⑤情境创设，合作输出

以学生自身的生活、经验、知识、情感为切入点，创设真实情境，通过小组合作、师生合作活动，激活已有知识和经验，唤起学生交流和分享的欲望。

⑥文化普及，素养提升

随着英语新课改的推行，随着英语教学的日益国际化，目前的初中英语教学越来越注重学生英语的实际运用能力和跨文化交际的能力，因此初中英语听说课程成为了实现这两个目标的主要切入点。

（2）荣成市蜊江中学"致简课堂"英语学科（语法课）教学路径

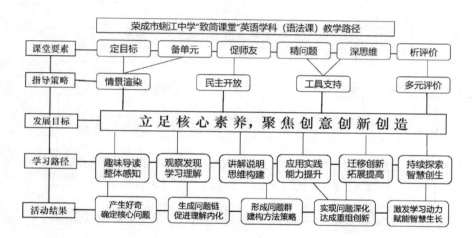

图2-12 荣成市蜊江中学"致简课堂"英语学科（语法课）教学路径

①趣味导读，整体感知

利用音乐、动漫、卡通、视频等趣味性媒体手段，导入所学内容，让学生产生好奇心，进行语言铺垫。

②观察发现，学习理解

学生通过的自主学习，发现语言的规律，在练习中理解所学知识点。

③讲解说明，思维建构

教师引导学生注意语法形式，简要说明句子包含的含义。利用导图，帮助学生形成思维脉络。

④应用实践，能力提升

通过一个"用"，可听、可说、可读、可写等方式，在运用的过程中，让学生的能力得以提升。

⑤迁移创新，拓展提高

通过举一反三，对学生的学习行为及学习结果、反应等做出积极的评价，帮助学生对问题深化理解，鼓励学生重组创新，活学活用。

⑥持续探索，智慧创生

设计贴近学生生活的开放性作业，引导学生持续探究和创造新知，激发学习动力，引发学生在探究英语与生活中生成美好的生活体验和生命感受，赋能智慧成长。

（3）荣成市蜊江中学"致简课堂"英语学科（阅读课）教学路径

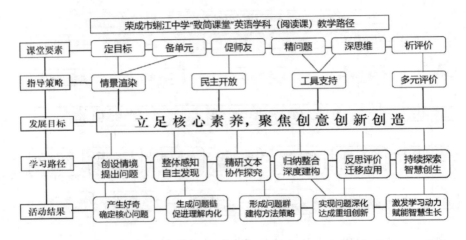

图 2-13 荣成市蜊江中学"致简课堂"英语学科（阅读课）教学路径

①创设情境，提出问题

创设疑问情景，鼓励学生提出自己的问题，利用问题激活旧知，联想新知，师生共同将问题归类，认定完全没有价值的问题、有部分价值的问题、非常有价值的问题，最终确定核心问题，把学生的思维引向深处。

②整体感知，自主发现

设计富有猜测性、探究性、挑战性的问题，问出悬念，形成阅读期待。引导学生快速浏览文本，整体感知文章主旨大意。在理解感悟中，激发自身的思想共鸣，对文章进行自主的学习探究。

③精研文本，协作探究

在自主阅读和主动探究的基础上，引导学生精研文本细节生成问题链，通过讨论、争论、辩论等协作探究活动，让学生学会运用语言材料组织新的语言内容，训练他们从同一信息中探求不同答案的求异思维能力，从而能够有效理解文本内涵，提高阅读技能。

④归纳整合，深度建构

利用思维导图从整体上再次认识和把握整篇文章，调动存储在学生大脑中的英语知识，激活学生的思维，形成问题部落，培养学生结构化思维，帮助学生明确文章的结构主旨，理清文章脉络，掌握文章细节，有助于学生发散性思维和创造性思维的形成，提高分析问题、解决问题的能力。

⑤反思评价，迁移应用

针对文本内容提出开放性的问题，培养学生用英语对文本进行分析、理解、批判、质疑、比较以及评价等方面的能力，提升学生的思维品质。借助有效的评价手段，对学生表现做出积极的评价。

⑥持续探索，智慧创生

设计贴近学生生活的开放性作业，引导学生持续探究和创造新知，激发学习动力，引发学生在探究英语与生活中生成美好的生活体验和生命感受，赋能智慧成长。

（4）荣成市蜊江中学"致简课堂"英语学科（复习课）教学路径

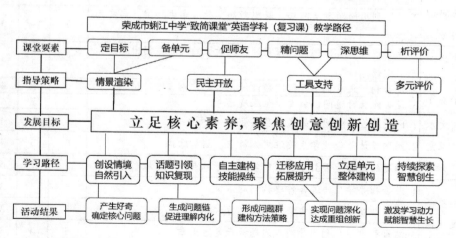

图2-14 荣成市蜊江中学"致简课堂"英语学科（复习课）教学路径

①创设情境，自然引入

以教学目标为导向，创设情境，提出核心问题，激发学生兴趣，引入主题。

②话题引领，知识复现

在单元话题范围内，以问题链为引领，激活已掌握的知识；在情境任务链中，理解内化语言知识和语言技能。

③自主构建，技能操练

通过师生合作，以语言、内容和思维融合的方式，自主建构和内化知识，促进知识的实践与应用。

④迁移运用，拓展提升

通过精准评价，进行迁移运用，深化理解，促进知识的拓展提升。

⑤立足单元，整体建构

运用思维导图对单元内容进行归纳整合，整体建构单元体系，促进思维的系统化、结构化。

⑥持续探索，智慧创生

设计贴近学生生活的开放性作业，引导学生持续探究和创造新知，激发学习动力，引发学生在探究英语与生活中生成美好的生活体验和生命感受，赋能智慧成长。

表2-6 蜊江中学英语课堂学生表现评价表

评价内容	评价指标	项目级分		
创设情境 提出问题 （10分）	1. 设计的问题是否与学生的实际生活与兴趣建立联系	5	4	3
	2. 是否利用问题激活旧知，联想新知，激活学生思维，启发阅读联想	5	4	3
整体感知 自主发现 （20分）	1. 是否设计富有猜测性、探究性、挑战性的问题，问出悬念，形成阅读期待	6	5	4
	2. 是否利用文章插图进行问题设计，对文章内容进行预测	6	5	4
	3. 是否能及时追问，引发学生深度思考	8	7	6
精研文本 协作探究 （20分）	1. 问题是否围绕阅读的文本层层展开	6	5	4
	2. 问题设计是否使学生关注文体特点、篇章结构	6	5	4
	3. 问题的设计是否引导和帮助学生化解难点，加深理解	8	7	6
归纳整合 深度建构 （20分）	1. 是否指导学生通过合作建构问题系统	5	4	3
	2. 是否帮助学生明确文章的结构主旨	5	4	3
	3. 能否引导学生利用导图或问题提示复述文章	5	4	3
	4. 能否利用问题帮助学生建构文章脉络，理清思路	5	4	3

续表

评价内容	评价指标	项目级分		
反思评价 迁移应用 （20分）	1. 设计的问题是否让学生展示阅读课所获取的信息和观点	5	4	3
	2. 问题设计是否引导学生掌握语言知识，提升阅读技能，拓展思维空间	5	4	3
	3. 是否引导学生对问题的回答进行补充、评价	5	4	3
	4. 设计的问题是否帮助学生深化理解，有利于学生对语言的重组创新	5	4	3
持续探索 智慧创生 （10分）	1. 是否以问引思，以问促思，帮学生插上思维的翅膀	5	4	3
	2. 是否启发学生围绕文章内容和主题从不同的方面去探究	5	4	3
综合评价	优秀（90—100分）	较好（80—89分）	一般（80分以下）	
等级				

5. 艺术学科

荣成市蜊江中学"致简课堂"艺术学科教学路径图

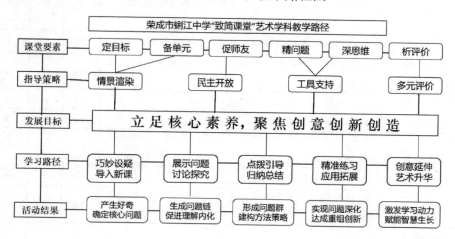

图 2-15 荣成市蜊江中学"致简课堂"艺术学科教学路径图

①巧妙设疑，导入新课

实施"问题链·导学"，创设恰当的情境，通过创设问题情境，以"目标—问题"为主线，以"师生合作"为主要学习方式，激发学生艺术兴趣。

②展示问题，讨论探究

将教学重点、难点化成小问题，再通过设计问题链把分散的、零碎的、无系统的内容串联起来，由浅入深，以疑引思，在自主探究中发现观点、在价值冲突中提炼观点，在探究、思考、感悟中获得艺术乐趣。

③点拨引导，归纳总结

引导学生进行研究、交流、展示，归纳形成问题部落，激活思维，探求解决问题的策略，构建知识网络，从而掌握艺术知识、技能。

④精准练习，应用拓展

通过变换问题的角度、长度、梯度、高度等进行适应性的训练，引导学生进行知识的应用和迁移，使学生的艺术素养得以提升。

⑤创意延伸，艺术升华

创意源于学习中的积累。在长期的知识积淀中，提高学生的艺术眼界，培养创新意识，点燃灵感，激发创作能力。

表2-7 蜊江中学艺术课堂教学观课量表

评价内容	评价指标	项目级分		
巧妙设疑 导入新课 （20分）	1. 能够创设情境引导主动发现问题和提出问题	10	8	6
展示问题 讨论探究 （20分）	1. 引导学生发现问题间的关系	10	8	6
	2. 引导学生串联起小问题，形成"问题链"，能发现观点，得出结论	10	8	6
	3. 能够通过"推拉"流畅教学活动	10	8	6
	4. 引导学生持续追问	10	8	6
点拨引导 归纳总结 （20分）	1. 能够通过各类评价手段，及时、准确、全面地获得学生问题解决的信息	10	8	6
	2. 不同问题匹配适切活动	10	8	6
	3. 能够帮助学生完善问题解决路径，总结出知识脉络	10	8	6
精准练习 应用拓展 （20分）	1. 学生在解决精准问题中巩固知识、掌握方法，达成学习目标，并能对知识进行迁移拓展	10	8	6
创意延伸 艺术升华 （20分）	1. 指导学生独立进行艺术创作，引导学生个性特长有效发展	10	8	6
综合评价 等级	优秀（90—100分）	较好（80—89分）	一般（80分以下）	

（五）强化"创客 CIC 实践"，培养学生创客素养

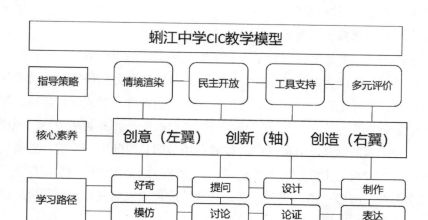

图 2-16 蜊江中学 CIC 教学模型

1. 基础融合型课程的实施要求

一是学科选取。以"数学、物理、化学、生物、地理和信息技术"等学科为切入口，展开实施。二是授课形式。随日常学科教学开展，成为学生必修课程。三是教学内容。结合具体学科内容，将基础融合课程中的相关内容有机融合进课堂教学。四是教学方式。结合具体学科特点选择突破口展开行动研究，探索有效课堂教学模式和实践策略。五是学习方式。课堂教学坚持以学生的"学"为主，注重学生创客素养的培养；关注学生学习的体验性，倡导自主、合作、探究多样化的学习方式。六是教学评价。充分发挥教学评价的激励、诊断和导向功能，通过学科课堂教学评价指标的设计，努力建立促进学生有效学习，促进教师专业化发展，促进课堂教学效益不断提升的课堂教学评价体系。

2. 拓展发展型课程的实施要求

一是授课形式。将大型课程和微型课程相结合，实现二者优势互补；将长期课程与短期课程相结合，确保学生有序流动；将必修课与选修课相结合，开展多学科教师融合教学，确保教学指导的专业性。二是时间安排。将定时课程与非定时课程相结合，确保课程实施的灵活性与有效性。每周二、四下午两节课联排，开设 CIC 拓展发展系列课程。三是授课主体。教师方面，牵手社会力量，引进创客导师团资源、学生社团资源、教师人力资源、家长社区资源等；学生方面，采取探究式或项目式学习方式，引领学生主动探索、合作分享。四是课程资源。

做好特色课程的开发，学生读本和教师指南的编写和完善；引进创客教育活动项目，调动多方资源联合开发特色课程。

3.探究综合型课程实施要求

一是授课形式。必修与选修相结合，采取灵活多样的组织形式，可以跨班级分组研究，可以以班级为单位按主题分组合作或自主选题分组研究，也可个体独立研究等。二是目标定向。对接中高考的实践性和选择性，明确课程定向，努力提升学生创新创造素养。三是时间安排。坚持"分段安排，相对集中"的原则，校内周四下午第四节活动课开展活动，校外利用节假日时间展开实践。四是科学实施探究综合型课程。主要经历四个阶段，每阶段分别完成不同的学习任务。第一阶段，学习准备阶段；第二阶段，选题开题阶段；第三阶段，实施研究阶段；第四阶段，结题展示阶段。

二、编制 CIC 教学指南

（一）指导思想

《关于全面深化课程改革，落实立德树人根本任务的意见》（教基〔2014〕4 号）、《关于深化教育教学改革全面提高义务教育质量的意见》（国办发〔2019〕26 号）等文件，要求学校要坚决贯彻落实立德树人根本任务，严格落实"五育融合"，全面深化课程改革，促进学生全面健康发展，着力提高学生服务国家服务人民的社会责任感、勇于探索的创新精神和善于解决问题的实践能力，扎实提高教育教学质量。

《山东省"十三五"教育事业发展规划》中提到，学校要不断深化课程体系改革，强化对学生科学思维、创新能力的训练。创新教学方式方法，鼓励学生自主学习、多元学习。《山东省义务教育课程设置方案》对教育部印发的义务教育课程设置比例做了进一步细化调整，构建符合素质教育要求的新基础教育课程体系，全面推进素质教育。

在这种大背景下，本校积极编制 CIC 教学指南，为广大教师开展 CIC 特色教学提供理论和实践依据。

（二）主要目标

学校秉持精致教育的办学特色，以成就精彩人生为宗旨，坚持立德树人，落实五育并举，以满足学生的全面和个性化发展需求为目标，面向全体，探索构建由基础课程、校本课程以及个性发展课程为主体的 CIC 三大课程群，全面落实培养"具有家国情怀、国际视野、创新精神、精彩绽放"的蜊中学子的课程育人目标，不断提升学校内涵品质。

（三）主要内容

CIC 基础课程又分为学科课程、德育课程和综实课程。CIC 校本课程又分为三个板块，即 CIC 基础融合课程群、CIC 拓展发展课程群、CIC 探究综合课程群。个性发展课程又分为师长课程、学长课程和 X 课程。

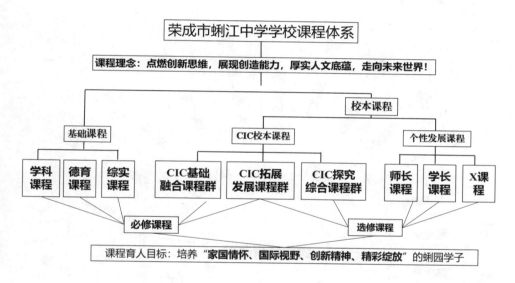

图 2-17 学校课程体系总图谱

1. CIC 基础课程

（1）学科课程

精致教育的终极目标是"大道至简"。在精致教育之中追求课堂教学之道"至简"，主要指教学之中追求用简单的语言、简单的案例、简单的对话、简单的技术和极其简单的过程，精准达成教学目标，从而在精准与精确之中，实现精致化教育。"道"在中国哲学中表示"终极真理"。教师在课堂教学中，只有尊重生命差异，遵循学生成长规律，才能找到课堂教学走向"道"的至简教育规律，才能实现"以人为本"的教育宗旨。

在推进落实课程改革过程中，学校始终坚持以培养学生发展核心素养为方向，积极推进自主合作探究的教学方式，初步呈现出重视学生的独立思考、基于问题或项目开展教学、充分利用信息技术和课外资源等明显的教学特征。但在实际教学中，仍存在课堂上教师把控过多，缺少对学生创新思维、创造能力的培养等问题。学校对原有"致简课堂"进一步深化、细化，在建构"致简课堂"与研究特色课程实践的基础上，从教学目标、教学内容、教学方法、教学过程和教学评价等方面做相应调整，不断完善"致简课堂"教学模式，探索促进学生全面发展的"致简课堂"范式与策略，有效促使课堂教学真正向精细化、个性化发展，并实现由关注整体发展与到关照个体差异的转变。

（2）德育课程

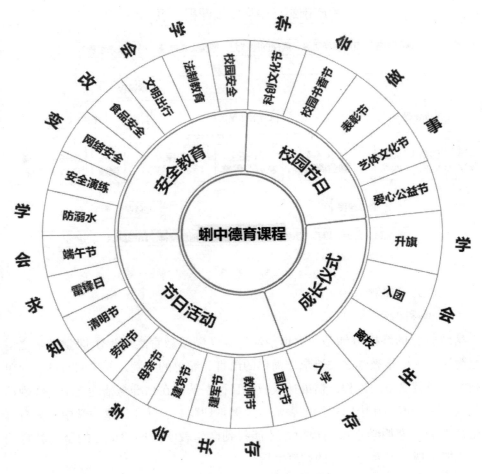

图 2-18 德育及专题教育课程体系

（3）综实课程

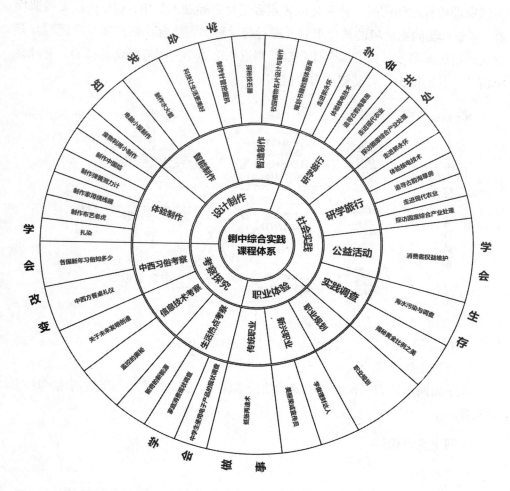

图 2-19 劳动教育及综合实践活动课程体系

按《山东省课程设置标准》，综合实践课程包括信息技术、研究性学习、劳动与技术、社区服务与社会实践四大部分。信息技术在初一、初二年级开课，有统一的教学内容，并列入威海市信息技术考试。省编综合实践教材中包括考察探究、设计制作、社会服务、职业体验及其他。但省编教材中很多主题不适合在荣成开展，我校对省编教材进行校本化实施。

2. CIC 校本课程

学校 CIC 校本课程是学校课程体系的重要组成部分，主要包括三个板块，即 CIC 基础融合课程群、CIC 拓展发展课程群、CIC 探究综合课程群，着重指向"三能三会"创客素养的培育。CIC基础融合课程群,强调在学科课程实施过程中落实国家课程标准的同时,将强化创客素养培育目标融入其中;CIC拓展发展课程群,基于真实问题情境的典型项目,进行跨学科知识整合,聚焦在发现问题与有意义地解决问题上;探究综合课程群,则重点培养学生创造新奇独特的、有社会价值的产品的能力,彰显创造力价值。

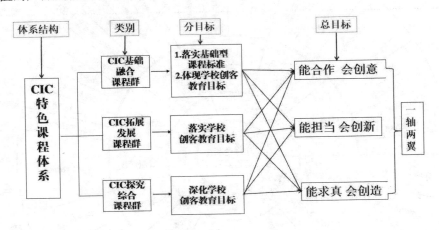

图 2-20 CIC 特色课程体系

3. 个性发展课程

属于面向家长和家长参与的辅助性校本课程,实现学校与家庭、学校与社会的共育。

(四)资源保障

1. 场馆资源

学校占地 51369 平方米,建筑面积 1400 多平方米。拥有教学楼两栋,办公楼、实验楼各一幢,新建综合楼一幢,拥有大型体育活动场地两个。建有"国和创客空间",其他各类音美专用教室、综合实践室、劳技教室以及特色课程活动室等。

2. 大学资源

学校与哈尔滨理工大学(荣成学院)和威海海洋职业学院等签订框架协议,聘任大学教师为校外导师,对学校优秀项目给予专业化、精细化指导,有效促进优质项目转化。同时,学校鼓励学生参与校外科技创新培育项目,充分利用大学资源开展校外的培育与孵化,助力学生研究素养与能力迅速提高。

3. 教学资源

学校与寻山爱伦湾海洋牧场、荣成市中小学生综合实践教育中心、海洋食品博览中心、国核示范电站有限责任公司、固废综合处理产业园、歌尔集团等开展全方位合作，为学校提供技术支撑，优选优化课程，丰富教育资源；与创造者创客中心、宇晨网络、威海创客中心、荣成乐高机器人等社会机构携手，拓展学习空间，并聘请他们的专业教师、有专业知识的家长等作为校外辅导员，进一步扩大师资力量。同时，关注学校及所在社区资源具体特点，有效将社区资源文化、物质环境等方面的特点融于项目式学习课程的建设中，对课程内容进行拓展、整合，实现课程内容的综合化、人文化、生活化。

（五）实施要求

1. 基础课程实施要求

（1）"致简课堂"实施要求

落实"精准教导"，促进学生的"充分学习"：拒绝"过度教导"，做到"适度教导"；减少"直接教导"，增加"间接教导"；减少"教师给予"，鼓励"自己习得"。

落实"多维教导"，促进学生的"生动学习"：情境化地呈现知识，指导学生以多样化的方式展开学习，引导学生进行反思学习。

落实"情感教学"，促进学生的"体验学习"：以情激情，使学生与教师产生情感共鸣；以境激情，使学生与文本产生情感共鸣。

提供"多元立场"，促进学生的"批判学习"：教学是建构而非洗脑；知识是真理，也是建构。

（2）德育活动实施要求

各学科能充分挖掘教材的德育因素，教学中做到有意、有序、有机、有效地实施德育渗透。课堂教学能结合学生实际，有目的有计划地进行思想、行为教育，重点突出，有实效。

（3）综实课程实施要求

依据党的教育方针和国家课程实施计划的要求，坚持五育并举为前提，尊重学生个性发展与文化需求，充分开发利用国家基础课程中的综合实践活动内容，挖掘生活中的教学资源，引导学生关注生活，学以致用，养成科学态度和探索精神，在做中学，以行动力促进学习能力的提升。

2. 校本课程实施要求

（1）CIC 校本课程

CIC 校本课程是我校 CIC 特色课程的重要组成部分，秉承我校特色品牌建设"点燃创新思维，发展创造能力，厚实人文底蕴，走向未来世界"的特色课程理念。教师们要从学科选取有价值的知识点，进行学科内知识整合，形成多元化学习资源，进行常态化的学习实践和交流，发展学生创新思维，满足学生核心素养的培养与发展、学生兴趣个性特长的持续发展。

（2）个性发展课程

教师要充分发挥课程的育人功能，以课程为载体，努力让学生身处的环境成为其个性发展的土壤，让学生从被动的客体转换为主动的主体，从而走上自我成长、自我彰显的道路。

（六）课程评价

1. 课堂教学评价（见表 2-7）

根据"精致致简课堂"的六有要素，落实课堂教学评价，指标主要包含以下五方面：教学目标、教学内容、教学方法、教学技能、教学效果。

（1）教学目标

教学目标的确定要体现课程标准的三维目标要求，将课程标准的要求、教材的实际和学生的需求结合起来，既重视学生基础知识的学习、基本能力培养，也重视学生学习过程的表现，以及学习习惯的养成和学习方法的掌握。目标的落实有利于学生的自我认识、自我调整、自我完善，做到具体、可行，便于在课堂上落实完成。从教与学两个方面来设计教案和组织课堂教学，主要表现为以下几项：教学目的符合教育目标和新课程标准；有知识技能、智能德育因素；目的明确、具体、恰当、符合学生实际；教师为指导，学生为主体，发展学生的思维空间；围绕教学目的进行教学。

（2）教学内容

深入地理解和把握教材，重点确定合理，难点突破自然，疑点排除及时。课堂教学内容深度、广度适宜，技能的训练科学，学习过程符合学生的认知规律，具有层次性和条理性，展开有序，学生活动时间充分。一堂好课，应该紧扣教学目的和要求，寓思想道德教育于教学之中，知识容量适度，内容编织科学，层次划分合理，新旧知识衔接自然，教学环节紧凑。抓住关键、分散难点；突出重点、有讲有练、讲练结合。具体表现为：教学内容具有科学性、思想性，教书育人有机统一；讲授知识正确无误，系统连贯；重点突出，抓住关键，分散难点，讲清概念，有讲有练，讲练结合；演示实验符合教材要求，操作合理，结果正确；讲解知识，理论联系实际。

（3）教学方法合理

教学方法选择恰当，能激发学生的学习兴趣，能体现课程标准提出的教学理念，运用多种教学方法和教学手段对学生进行启发、引导，教学目标的达成度高。教师应遵循"教师为主导、学生为主体""面向全体、因材施教"等原则，精心设计课堂结构，选择科学的教法，努力使课堂呈现出：教学过程井然有序，严密紧凑；教具的使用和演示正确无误；教师发挥主导作用、诱导得法、教得轻松；学生处于主体地位、思维活跃、学得愉快；课堂气氛生动活泼、效果优良。评价项目表现为：体现主体、重视启发、勇于创新、培养智能；遵循"面向全体，因材施教"的教学原则；教学过程紧凑有序，层次分明；教学方法得当，教学措施有力；课堂结构合理，时间分配恰当；课堂气氛活跃，效果良好。

（4）教学技能

教师的教学基本功好，教学语言规范、准确、有表现力和感染力，教态自然，举止大方，能因势利导地应对教学活动中的各种情况，具有较好的教学机智，课堂教学的预设与生成相辅相成。表现为：语言规范，有较强的吸引力。教师应做到语言准确、简洁、清晰、生动、流畅、富有感染力，注意抑扬顿挫、轻重缓急的变化和语态的亲切自然；板书工整、规范，直观性强，无错别字和非规范字；仪表端庄、教态自然、亲切大方；课堂调整恰当，反馈与矫正及时，方法灵活多样。

（5）教学效果

完成既定的教学目标，学生积极参与教学活动，乐学善思，在掌握了相关知识的同时，学会了相应的学习方法，激发了学生学习的兴趣。不同层次的学生都有进步。主要表现为：基本实现课时目标，多数学生能够完成作业，不同的学生都能得到不同的发展；学生主动地参与学习活动，相互合作、共同探究学习问题，乐于交流分享；课堂气氛轻松，师生精神饱满，学生参与面广，能够体验学习和成功的愉悦；学生注意力集中，学习积极主动，与教师配合默契。

2. 德育活动评价

《蜊江中学课程规划与实施方案》中的德育活动分为两大部分：德育活动课

程和德育主题活动。

（1）德育活动课程评价

各学科能充分挖掘教材的德育因素，教学中做到有意、有序、有机、有效地实施德育渗透。课堂教学能结合学生实际，有目的有计划地进行思想、行为教育，重点突出，有实效。

表2-8　课堂教学德育活动评价标准

项目	评价指标	项目级分		
理念	符合学生的认知规律、心理特点，体现学生差异，面向全体学生；能围绕"三维目标"，培养学生的创新精神和实践能力	10	8	6
目标	坚持以学科渗透德育的思想为指导进行备课，有明确的德育目标	10	8	6
内容	合理挖掘学科教学内容中的德育渗透点，从教材实际出发，充分体现学科特点	10	8	6
过程	学科渗透德育体现于教学活动的全过程之中	10	8	6
方法	有机、有序、有度地寓德育于知识的讲授或训练之中，科学性与思想性相融合	10	8	6
氛围	课堂氛围和谐融洽，师生交流自然通畅，对学生起到潜移默化的熏陶作用	10	8	6
学生	学生有良好的听课、发言、练习、交流、思考的习惯，能较好地遵守课堂纪律	10	8	6
行为	教学行为规范合理，体现学生主体性，富有启发性和激励性。	10	8	6
仪态	教师仪态端庄，举止文雅，教态真诚、亲切，体现示范性	10	8	6
效果	课堂积极有序，实施学科渗透德育效果好	10	8	6
综合评价	优秀（90—100分）	较好（80—89分）	一般（80分以下）	
等级				

（2）德育主题活动评价

校内活动：结合世界形势、国情和重大节日、纪念日，开展主题教育活动，并形成系列，活动丰富多彩，形式多样，实践性强，有特色，有成效。

校外实践：经常开展各种形式的校外实践活动，校外实践具有计划性和成效性。

学生思想品德：注重学生思想道德、公民素质教育，把主题系列教育活动与校风、学风建设紧密结合起来，活动有层次性和递进性，内容具体，实施到位。

班团队活动：班、团、队活动规范开展，有计划、活动方案，并有过程性、阶段性的检查、评比记载。

3. CIC社团评价（形式、内容、主体、指标）

评价主体：教师、学生。

评价内容：教师教学维度、学生活动的有效性维度。

评价形式：教师教学评价量表、学生学习评价量表。

评价指标：安全管理、材料管理、场地管理、效果管理。

表2-9 社团活动过程管理评价量表

考核项目	评价指标	项目级分		
安全管理（20分）	1. 社团活动，指导教师准时到岗，按时到德育处签到，并领取社团活动记录表、学生签到表	10	8	6
	2. 活动组织得力，辅导时间及时进班，无安全事故发生	10	8	6
材料管理（30分）	1. 活动前有计划，提前告知学生学习内容，让学生能提前准备好活动所需的工具和材料	10	8	6
	2. 活动过程要及时上传精彩内容的图片、视频等	10	8	6
	3. 活动后的活动记录表、学生签到表、作品及时整理并交组长归档（作品要附上辅导教师姓名、日期等）	10	8	6
效果管理（40分）	1. 活动内容按照社团计划进行，能有效地完成活动，达到预期效果	20	15	10
	2. 活动过程组织合理，学生有收获感、成就感	20	15	10

续表

考核项目	评价指标	项目级分		
场地管理 （10分）	1.活动后场地内地面干净、桌椅整齐、墙壁无污迹、教学用具无破损。多媒体等电源及门窗及时关闭。并拍视频上传	10	8	6
综合评价	优秀（90—100分）	较好（80—89分）	一般（80分以下）	
等级				

（1）研学旅行评价

中小学生研学旅行是学校教育和校外教育衔接的创新形式，是教育教学的重要内容，是综合实践育人的有效途径。开展研学旅行，有利于推动全面实施素质教育，引导学生主动适应社会，促进书本知识和生活经验的深度融合，培养学生文明旅游意识，养成文明旅游行为习惯。

表2-10 蜊江中学学生研学旅行评价标准

一级指标	二级指标	评价内容	项目级分		
自我管理 （30分）	文明素养	1.公众场所使用文明用语，不大声喧哗，维护公共秩序	3	2	1
		2.参观讲解时，专心倾听，仔细观察，不妄加评论	3	2	1
		3.人多时，按顺序边走边看，不推不挤，不妨碍他人	3	2	1
		4.爱护公共财物，保护古迹，做文明参观使者	3	2	1
	遵规守序	1.遵纪守法，安全意识强，遇事冷静，不侵犯他人隐私	3	2	1
		2.遵守行程要求，不随意离队，服从带队老师的管理	3	2	1
		3.时间观念强，遵守时间节点，不影响活动流程	4	3	2
	生活能力	1.注意饮食健康，不乱吃零食	4	3	2
		2.生活有序，管理好自己的物品，不丢三落四，合理消费	4	3	2

续表

一级指标	二级指标	评价内容	项目级分		
实践活动 （40分）	实践能力	1. 能够依据活动主题，自主选择恰当的活动方式开展活动	6	5	4
		2. 学会用多种方法搜集、处理信息	6	5	4
		3. 能够在自主探究的学习中，运用所学知识解决实际问题	8	7	6
	参与意识	1. 参与活动踊跃，敢于尝试，乐于发表自己独到的见解	5	4	3
		2. 认真对待小组分工，善始善终	5	4	3
		3. 不怕困难，思维灵活，恰当选择解决问题的方法	5	4	3
		4. 及时完成活动，积极参与交流分享	5	4	3
协作精神 （30分）	合作精神	1. 小组成员团结协作，合理分工，乐于分享	5	4	3
		2. 认真倾听同学的观点和意见，对小组学习做出贡献	7	6	5
	合作态度	1. 关心同学，互相尊重，发挥优势，优劣互补	7	6	5
		2. 主动承担组内工作，不推诿，有责任意识	8	7	6
综合评价		优秀（90—100分）	较好（80—89分）		一般 （80分以下）
等级					

（2）学生自我评价

学生自我评价是使学生作为评价主体，依据一定的标准对自己的期望、品德、发展状况、学习行为与结果及个性特征进行判断与评估，是学生自我认识，自我分析，自我提高的过程。在研学自我评价表中，学生要对自己的自我管理、实践活动、协作精神等三个方面进行评价。

表2-11 蜊江中学学生研学学习自我评价表

1. 过程性评价（80分）		项目级分		
评价项目	关键评估点			
纪律意识（20分）	能够做到守时，没有无故缺勤、迟到等现象	20	15	10
学习态度（20分）	态度认真，准备充分，积极参与课程活动，有成果、收获	20	15	10

1. 过程性评价（80分）		项目级分		
评价项目	关键评估点			
团队意识（20分）	能够自觉服从辅导员及教师管理，听从指挥，维护大局	20	15	10
文明礼仪（10分）	公共场所能注重个人礼仪规范，文明用语，保护环境	10	15	10
品德修养（10分）	严于律己，乐于助人，能够始终保持良好的学生形象	10	15	10
2. 终结性评价（20分）		项目级分		
评价项目	关键评估点			
学习效果（10分）	学习达成	研学手帐的完成情况（完成率）、研学手帐的完成质量（认真书写、正确率）	5	4	3
	探究成果	研究项目完成情况，手帐中拓展延伸的完成情况，是否能在研学中发现新问题，是否能在研学过程中访问，手帐是否完成	5	4	3
学习成果评价（10分）	内容与形式	是否参与小组研究项目，是否形成研究报告，是否参与小组活动分享，是否形成研学小报，是否形成学习记录	5	4	3
	学习效果	分享及报告是否新颖有创意，小组讨论及分享语言表示是否清晰，有无自己的见解，对于自己的见解同学及老师的反馈情况	5	4	3
综合评价	优秀（90—100分）	较好（80—89分）	一般（80分以下）	
等级				

（3）过程性评价

为了了解学生的知识理解情况，可以采取测验法、调查法等。在研学活动过程中可以相应地采取问答、小测验、小调查等，在形式上可以是抢答、PK（淘汰赛）、竞赛、反馈等。为了了解学生的态度、意识，可以采用访谈法、表现性评价等，可以采取座谈、演讲、作品展示等活动。

（4）终结性评价

终结性评价是检测学生综合运用语言能力发展程度的重要途径，也是反映教学效果、学校办学质量的重要指标之一。在研学旅行中，教师要对学生的研学成果进行评价。

第三节　理论依据

一、以创新育人模式政策为依据

2019 年国务院办公厅印发《国务院办公厅关于新时代推进普通高中育人方式改革的指导意见》明确，到 2022 年，德智体美劳全面培养体系进一步完善，立德树人落实机制进一步健全。普通高中新课程新教材全面实施，适应学生全面而有个性发展的教育教学改革深入推进，选课走班教学管理机制基本完善，科学的教育评价和考试招生制度基本建立，师资和办学条件得到保障，普通高中多样化有特色的格局基本形成。在这种背景下，作为与高中接轨的初中教学也需要做出育人方式上的改变。本校在多年研究下，确定了"精致教育"，"精"是经过挑选或提炼的精华，有完美和最好的含义；"致"是给予或达到集中、精细的意思。两个字合起来，就是"达到最好""达到完美"。《现代汉语词典（第 7 版）》中把"精致"解释为"精巧细致"，英语中"精致"含有"规范或标准"的意思。随着时代发展，社会分工日益细化，工作要求日趋精细。随着生活质量逐步提高，人们更加追求生活的品质和内涵，追求良好品位和文化素养，精致更多体现为追求美好，是不断进步与发展的象征。精致教育的终端是学生，学生如何接受精致教育，最终需要课程来实现。我们依托创客 CIC 课程的建构与实施，作为实践精致教育的有力载体。创客 CIC 课程是在精致教育特色引领下，以"为每一个学生终身发展奠基"为办学理念，以"创客文化"特色建设为切入口，以实现学校特色建设精品化为目标，尊重学生认知规律和创新需求，鼓励学生合作学习与分享，培养学生分析解决问题、团队协作和创新实践等能力。它从课程的规划设计和教学模式建设入手，围绕创新创造、合作交流、实践研究，通过课程内容的多样化、学习方式的专业化、课程管理的有序化、课程评价的规范化等推进课程建设的有效实施。在此基础上，本校做到了以下几点。

（一）创新教学内容

CIC 特色课程着重创新教学内容，并在以下几方面提出了要求，一要强化对理、化、生等知识的综合理解和综合运用，及对通用科学方法的掌握；二要渗透最新科技成果等教学内容，强化科技教育内容和方法，着力提升学生科技素养；三要优化课堂教学过程，强化探究性实验教学，鼓励学生进行创新实验；四要将科学教育与技术教育相结合，即将技术教育内容向科学教育渗透，或将科学教育同技术教育融为一体；五要强化科学教育中科学史、科学哲学和科学社会学的教育，强化科学教育同社会和生活实际的联系，在科学教育中渗透人文教育、道德教育、艺术教育的内容，发掘科学教育本身所蕴含的人文价值、审美价值。另外，围绕特色课程系列，做好校本课程的开发、校本教材的编写和完善。

（二）创新教学方式

CIC 特色课程也着重创新教学方式，要求结合具体学科特点选择适当的突破口，探索有效课堂教学模式和有效教学策略，按照计划、行动、考察、反思、调整的过程展开行动研究。如数学、物理、化学、生物可结合学科特点，分别选择有意义的接受式学习、探究式学习、问题解决式科学学习、概念转变式科学学习等教学模式重点研究，探索教学设计（包括实验设计）、结构优化、情境创设、课堂互动、课堂管理等方面有效课堂教学策略。

（三）创新学习方式

课堂教学坚持以学生的"学"为主，注重学生科学素养的培养，关注学生学习的体验性，倡导自主、合作、探究多样化的学习方式。

（四）创新教学评价

一是建立促进课程不断发展的评价体系，二是完善促进教师专业化发展的评价体系，三是完善促进学生全面发展的综合评价体系。

"教育之本，在于育人"，本校基于创新育人模式背景，落实立德树人的根本任务，严格落实好国家基础型课程，通过扎实开展基础课程教学及专题教育活动，达成精优效果，夯实学生文化基础，培养关键能力，塑造健全人格。以特色课程为抓手，开发实施多样化课程，强调社会责任感、创新精神和实践能力，在全面发展的基础上促进学生个性发展，培养具有深厚科学素养、浓郁人文精神、强大创新能力以及广阔国际视野的新时代人才。

二、以学生核心素养理论为指导

随着国家教育改革的不断发展，我国越来越重视培养全面人才，对于学生核心素养的培养也是越发重视，由此我们在课程评价中也要不断强化学生核心素养的培养。

2016 年，有关专业组织接受教育部的委托，研制发布了中国学生发展核心素养，包括三个方面（文化基础、自主发展、社会参与）、六大素养（人文底蕴、科学精神、学会学习、健康生活、责任担当、实践创新）和批判质疑等十八个要点。我们将创客素养与核心素养对比来看，两者有很多的相似之处，都强调协作、交往、批判性思维与创造性等。可以说，创客素养是学生核心素养的重要组成部分，对学生实践创造能力的提升、今后的发展以及国家竞争力的提高都有着非常重要的作用。在中小学阶段，它就像房屋的地基，核心素养中缺失创客素养，就会造成人格、人性发展的重大缺陷。反之，创客素养的形成也将极大有助于核心素养的全面发展。

CIC 特色课程是一门综合性、实践性、创新性、开放性很强的课程。在 CIC 特色课程中，学生既能培养自己的创客思维，开拓创新意识，又能增强自身的合作意识、团队意识。但是对于一门新课程来说，在核心素养方面究竟做得如何还是有待商榷，所以课程评价是非常有必要的。在一次次的评价过程中，反思优点和不足，在下一次的课程中，取长补短，真正做到核心素养的要求。

为更好地做到以核心素养理论为指导，本校在课程评价中做到了以下几点。

（一）在评价中强调责任意识，引导学生评价

在一门课程中，需要有合理正确的分工。学生需要知道自己的职责分工，并且认真完成，还应考虑到不同任务的衔接，避免单独行动，培养学生在团队中的责任感。所以，课程评价中很重要的一点就是评价学生的责任感和团队意识，如果在一节课程中，能够看到每个学生各司其职，并且做到各部门之间的良好衔接，那这门课程就是成功的。

（二）在课程中培养创新精神，鼓励学生创新

在课程中体现创新想法，也是评价课程的重要指标。十三四岁的学生正处于初中阶段，属于想象力特别丰富的阶段，他们应该能在课程中发散自己的想象力，经过教师的引导，发散思维，增强自信。另外，在一节充满想象力和不断创新的课程中，课程评价也根据内容和设计来进行，既维护了学生的自尊心，也让课程评价更加灵活多变。

（三）在课程中引导正确价值观，指明前进方向

初中学生正处于价值观形成阶段，优秀的课程评价体系能够帮助他们形成正确的价值观。在课程建设中，应注意真正用实例来帮助学生做到从知到行，将正确的价值观融入其中，真正起到老师的引领作用。因此，一节课程是否真正弘扬了正确的价值观，是否让学生得到了熏陶，也是课程评价的重要一环。

总之，在核心素养的大背景下，教师要以培养学生的综合素质为目的来设计课程。CIC 课程评价拥有评价原则，进行全方位评价，且能够随着时代的发展随时变革评价内容和方法。在 CIC 评价过程中，学生树立了责任意识，突出了自身的创新精神并且形成了正确价值观。

三、以实践创新能力发展为目标

国务院颁布的《基础教育课程改革纲要》中提出："要倡导科学精神、科学态度和科学方法，引导学生创新与实践。"《关于深化教育体制机制改革的意见》中强调，把"培养创新能力，激发学生好奇心、想象力和创新思维，养成创新人格，鼓励学生勇于探索、大胆尝试、创新创造"作为教育教学的重要内容。

通过 CIC 特色课程，学生依靠自己的智慧，依靠团队集体的力量，通过自主参与、自主管理、提出问题、动手实践，创新性解决问题；培养"具有家国情怀、国际视野、创新精神、精彩绽放"的蜊中学子；以学生为中心，让每个学生都成为富有创造力的人；强调社会责任感、创新精神和实践能力，在全面发展的基础上促进学生个性发展，培养具有深厚科学素养、浓郁人文精神、强大创新能力以及广阔国际视野的新时代人才。

在 CIC 课程之中，如何进行正确的课程评价来提高学生的实践创新能力发展也是重要的一环。尽管学生质量不一，创新能力也不一，但是教师教书育人，培养人才的目标是一致的。教师的评价要照顾到不同的学生，要以鼓励为主，不打击学生的自信心和创造力，更不能打击学生探究和实践的积极性，要着重于培养学生乐于探索，敢于实践的精神和能力。CIC 课程评价就拥有这些精神内核，以学生为主体，以实践创新能力发展为目标，给学生机会和舞台，让他们在教师的帮助和指导下不断地进行实践创新。

为了更好地培养学生的实践创新能力，CIC 评价做到了以下几点。

（一）奠定思想基础

CIC 评价致力于帮助学生奠定创新的思想基础。优秀的 CIC 特色课程应顺应学生的兴趣，挖掘学生的创新潜力，并辅助其将想法落实为行动，在实践中进步。且 CIC 评价将学生看作独立的个体，不片面地评价学生，而是全方位、多层次地给予学生以积极方向为主的评价，尊重学生不断发展的过程规律。

（二）推动独立思考

学生在课程中进行了独立思考，提出了自己的宝贵意见，这是 CIC 特色课程成功的要点。孔子曾说过"学而不思则罔，思而不学则殆"，指出了独立思考的重要性。以前教师在教育中，会竭力避免孩子提出问题，想要实现"一言堂"，所以学生没有质疑和独立判断的能力。CIC 特色课程旨在鼓励学生的质疑精神，因为只有思考，才能取其精华，去其糟粕，才可以构建新的思维理念，才会有创新与实践。

（三）勇于面对失败

惠特曼说过"当失败不可避免时，失败也是伟大的"。在实践过程中，学生可能会遇到很多挫折，会产生退缩的念头。古往今来，为社会做出过重大贡献的人都是经历过很多失败的，但是失败并不意味着结束。CIC 特色课程鼓励学生勇于面对失败，面对失败时不气馁，不后退，寻找失误，卷土重来，做一名有理想，有信念，敢于面对挫折的蜊中学子。

创新是国家发展进步的源泉和动力，随着社会的发展，CIC 特色课程也应更多地注重对于学生实践创新能力的培养。CIC 评价以多元化的评价手段，注重培养学生的创新意识和实践能力。CIC 评价在不断给学生提供实践舞台的基础上，启发学生的创新意识，提高学生的实践创新能力，为社会发展培养优秀的人才。

第三章　CIC 特色课程实践意义

第一节　涵养生命

一、促进学生自主发展

学校以"为每一个学生终身发展奠基"为办学理念，确立了"点燃创新思维，展现创造能力，厚实人文底蕴，走向未来世界"的课程理念。教学评价是检验教育的有效手段，它贯彻教育的始终，评价是基本的反馈机制，具有导向激励的作用。学生的成长和发展是多方面的，包括知识、智力、人格等方面的发展。因此，我们在进行教学评价时，不仅要关注学生的学习成果，更要关注他们的学习过程以及最终的发展。

1. 有效评价促进师生沟通，促进认知发展

情感体验伴随着教育的整个过程，在课堂、实践活动中，注重师生间评价、生生间评价，评价中更注重鼓励、激励性评价。学生通过引导性评价，充分参与到教学活动中，一方面能有效调动学生积极性，另一方面也能让学生的认知能力得到发展。评价中注重德育教育，因此，在教学过程中，学生既掌握了知识又受到教育，从而提高课堂教学的效果。

评价注重培养学生的创新性思维。创新性思维是具有创造意识、新颖性和创造性的想法，能够以不同的视角看待事物，寻找解决问题的方案，实现创新活动由感性认识到理性思考的飞跃。

2. 多种评价体系结合，得以充分发展

评价不只有教师对学生的评价，还有学生与学生间评价、学生对教师的评价等方式，让学生参与到评价中，会更好地发展学生的自主能力，让学生成为评

价的主人。无论是口头评价还是书面评价，学生用多种方式进行评价，自主、合作、探究式学习，从而提高创造能力，勇于突破，探索实践，实现新的生活方式，产生新的生命追求的活动，体现的是学生在各种实践活动中能够不断产生具有价值的新思想、新理论、新方法和新发明的能力，重在引导学生做一个有社会责任感和对社会有用的人。

3. 注重情感体验，提升学生综合素养

人文底蕴是指在学习理解运用人文领域知识和技能等方面所形成的基本能力和求真向善达美的价值追求。"人文"决定着人的精神走向，"底蕴"指出了人的才智与见识是带有内敛和隐含特点的。人文底蕴的不断积淀与丰富，可以提升人的品位和气质。

美国心理学家加德纳的多元智能理论指出每个学生都有可资发展的潜力，只是表现的领域不同而已。如果我们一味打压学生，就不能激发出孩子的发展区，因此，我们必须尊重学生个体间表现出的不均衡性，培养他们的学习兴趣、自信心以及自尊心，培养他们成为有学习力、思考力、合作力、创造力等核心价值的人。面向未来的学生，不仅要具备对自我的认识和调控以及终身学习的个人成长素养，还应具备更为高阶的批判性思维和创造性思维，并掌握与人沟通、合作、跨文化理解的社会性能力，掌握决胜未来的关键技能。

"教育之本，在于育人"，学校要落实立德树人的根本任务，以 CIC 校本课程为抓手，开发实施多样化课程，强调社会责任感、创新精神和实践能力，在全面发展的基础上促进学生个性发展，培养具有深厚科学素养、浓郁人文精神、强大创新能力以及广阔国际视野的新时代人才。

二、促进教师教学研究

在参与课程评价开发过程中，经过专家指导、培训学习等，教师的课程评价理念得到更新，评价意识得到增强，课程反思力得到提升。教师通过对课程的重组或创造、对评价的完善，促进自己对学科知识的深化、师生关系的反思、教学技能的发掘等。课程评价的开发，要求教师不仅要关注自己的专业领域，还要关注专业之外的知识领域。科学知识和人文知识的交融，迫使教师重新评价自己的知识结构和素质要求，重新规划自我发展方向，不断推动专业成长。

教学评价不仅对学生具有激励作用，对教师也有很好的促进作用。通过有效

评价，教师能更好地进行教学研究。教学评价是依据一定的教学理论和评价标准进行的，因此，教师会更注重教学目标的确定、教学行为的选择以及教学组织形式的安排，这对教师的备课、研究提出了更高的要求。

"教师评价内容分为五大模块，即问题解决或高层次思维的技能。包括批判性思维的品质、反思的意识和能力以及评价的能力等；促进、管理和评价学生的技能；课程知识何以这样组织；学习程序和学习风格的知识；对实际的经验进行反思的技能。"[1]我们认为，应将教师专业发展情况作为评价教师的核心内容，另外教师评价还应包括教师研究模式、合作意识和知识修养等。在建构完善课程评价体系的过程中，教师要认识课程育人的目标、内容，认识课程资源开发的种类、分布等，了解课程开发与实现育人目标的关系，从中不断修正自己的教育观念和课程理念，不断提高自己对教育教学的认识水平，培养开放性思维和意识，实现从课程的无意识、杂乱状态向全面认识和积极开发的转变。

"新课程要求教师更新观念，变革自己的教学行为，做课程的开发者、学习的促进者、教学的研究者、反思的实践者。其中自我反思是课改中教师必备的不可或缺的基本能力，是教师专业发展和自我成长的核心因素。"[2]

在评价的过程中，始终应重点考虑教师的发展，要充分考虑教师的基本素质条件，使其明确改革的目的和任务；必须吸纳教师积极参与其中，使之成为改革的真正主体和推动力量。这就要设法将"自上而下""从外到内"的教学改革转变为教师为了满足自身专业发展需求的改革，使教学改革的过程同时也成为帮助教师专业成长的过程，使他们乐于参与到改革中，对教学改革充满信心，做推进改革的"自愿者"。

总而言之，对于教师的评价行为，要以多种形式进行，并且要结合评比展示等方式，教师在评价过程中必须要注重培养学生的综合能力，真正做到评价有利于学生发展，又能促进教师的教学研究。

---

1 张琪.课堂教学评价与教师专业发展［J］.辽宁：辽宁师范大学学报，2008：3
2 万伟，秦德林，吴永军.教学评价方法与设计.北京：教育科学出版社，2004:166.

第二节　培育人才

一、为创新型人才润色

在《现代教育学基础》中作者写道："教育评价，就是系统地有步骤地从数量上测量或从性质上描述儿童的学习过程与结果，据此判定是否达到了所期望的教育目标的一种手段。"由此可见，评价能够有效促进或抑制学生的创新能力，如果教师片面地对学生进行评价，就会让学生失去创新意识。因此，科学化的评价模式，能培养学生的创新意识，提高学生的创新能力。

《关于深化教育体制机制改革的意见》中强调，把"激发学生好奇心、想象力和创新思维，养成创新人格，鼓励学生勇于探索、大胆尝试、创新创造"作为教育教学的重要内容。因此，我们现在的教学评价模式不仅应关注学生的学习成绩和知识的获取，更应着眼于学生的综合素养和创新能力。

评价的角度要关注学生的思维模式，针对教师提出的问题，学生是否积极展开讨论、发言，着眼于学生的思维意识是否发散，考虑问题的角度是否独特，能否围绕问题生成有效的思考。在评价中，教师把表扬和批评结合起来，以表扬激励为主，批评教育为辅。知识是有限的，但是想象力和创新力是无穷的，教师通过这样的评价激发学生的想象意识，有利于打破学生的定式思维，开启学生的创新型思维。

学校建立了完善的评价体系，加强学生的责任感，使学生逐渐从"要我学"变成"我要学"，提高学生的自主学习能力，培养学生发现问题、分析问题、解决问题的能力，从而提升学生的创新能力。综观来看，中高考新政的变化，正是要求在学生初、高中阶段学习成长过程中，学校要更加注重思想品德、学业水平、身心健康、兴趣特长、社会实践等方面的全面发展，增强社会责任感、科技精神、创新意识和实践能力。

形成完善的评价模式，能够提升学生创新素养，提高他们适应未来社会的素质与能力，让更多学生对知识强兴趣、有质疑、多追问、共实践，以学习方式的变革推动以人为本教育理念真正落实。

二、为责任型人才奠基

2016年，有关专业组织接受教育部的委托，研制发布了中国学生发展核心素养，包括三个方面（文化基础、自主发展、社会参与）、六大素养（人文底蕴、科学精神、学会学习、健康生活、责任担当、实践创新）和批判质疑等十八个要点。学校责任担当与学生德育教育联系在一起，它在对学生的价值观、价值感的培养中占据至关重要的地位，责任感或责任心不是与生俱来的，它的形成和发展是伴随着人的成长逐步形成的。教育评价能推动学生的发展，学校需要通过教育评价来检验学生的接受程度。"实践表明，学生社会责任感评价的开展需要在教育学、德育论、认知心理学、组织管理学等理论基础上，遵循评价指向的发展性、评价立场的客观性、评价指标的多元性、评价过程的形成性、评价方式的综合性等原则，构建其独有的评价机制。"[1]

CIC课程通过科学知识技能学习促进学生发展，让科学知识技能的学习过程成为学生学会学习、学会探究，形成科学世界观、价值观，养成科学行为和习惯，培养科学精神的过程。初中生接受能力强，学校对于知识和德育方面给予适当、科学的评价，有利于培养学生的责任意识。在课堂教学评价中强化科学教育中渗透人文教育、道德教育、艺术教育的内容，有利于发掘科学教育本身所蕴含的人文价值、审美价值。CIC课堂教学坚持以学生的"学"为主，注重评价模式，注重学生科学素养的培养；关注学生学习的体验性，以合理的评价方式引导学生自主、合作、探究多样化学习。不断优化和完善创新育人模式，进而落实立德树人的根本任务，探索"培育创客素养"的育人模式，实现新环境下对学生综合发展和创新发展的领航作用。要想有系统的评价，学校就必须将评价落实到每一周甚至每一天，有组织地开展或高度渗透于日常生活中，通过评价将学生的责任意识渗透到学生的心灵深处，促进学生体悟生命、思考未来。

在开展对于学生的评价以促进其社会责任感发展时，必须关注教师在其中扮演的角色与作为，要注意教师的角色定位，将学生的社会责任感培养纳入班级日常目标管理和评价体系，明确教师不能以高高在上的道德裁判者或班级管理者自居，而应深化对学生社会责任感评价的内涵研究，不断完善修正评价理念，优化角色呈现，灵活多样地开展学生社会责任感评价活动，以评价促进学生发展。

---

1 黄雅芩.用科学的评价促进学生社会责任感培养［J］.中小学教育，2017（4）：1.

　　通过评价培养学生的责任感是一项系统的工作，必须进行综合研究、整体实施。通过 CIC 课程评价，我们培养能合作、会创意的学生。培养出能求真、会创造，具有务实求真、追求完美的工匠精神的学生，提高学生适应未来社会的素质与能力，以学习方式的变革推动以人为本教育理念真正落实。

第二篇章　CIC 评价设计

第四章　CIC 评价设计

第一节　评价原则

课程评价是驱动课程实施的重要环节，也是推动课程实施的机制保障。评价课程实施是否顺利开展，要以课程实施成效为检验标准。

一、以生为本原则

以生为本源于美国儿童心理学家、教育家杜威的"以儿童为中心"的理念。以生为本原则是特色课程评价的基本原则，要以学生的需要为本、以学生的发展为本，让每一个学生的潜能都得到最大限度的发挥。CIC 特色课程的评价就是要着眼于学生的实际，落实于学生的发展、成才，为学生的全面发展提供保障，全力培养具有"家国情怀、国际视野、创新精神、精彩绽放"的蜊中学子。"以生为本"的评价原则主要包含以下四个方面：

1. 差异性。尊重学生的个性差异，善于发现他们的不同。满足每个学生生命成长和多元发展的需要，关注并尊重学生个体间客观存在的个性差异，积极为学生的个性化发展创设多种条件和机会，充分挖掘学生多方面的潜能，使不同层次的学生在原有基础上都能获得最大限度的发展。

2. 适应性。准确把握学生年龄特点和时代特性，尊重和体现学生个体发展，适应学生的个性，促进其实现自身价值。

3. 激励性。法国教育家第斯多惠说过："教学的艺术不在于传授的本领，而在于激励、唤醒和鼓舞。"教师要有激励性语言和恰当的教学方式，通过激励和赞扬，使学生在心理上获得自信和成功的体验，激发学生的学习动机。

4. 引领性。课程要富有引领性，能够引领学生通过自主探究，形成自己的初步体系，进而提升创新能力。总之，要充分发挥学生的主体作用，体现中学生应有的价值，真正做到以生为本、和谐育人。

二、文化"落位"原则

"落位"即落实到位。所谓"文化落位"是指我校开发 CIC 课程所蕴含的文化内涵要落实到位。主要体现在两点以下。

1. 地域文化：荣成三面环海，海岸线长 500 千米，它们蜿蜒曲折、岬湾相连。凭海临风，倾听潮起潮落，便有心旷神怡之感。这里有颇具规模的海洋牧场，厚重的渔家文化。海，丰富了我们的生活，也滋养了我们的精神。"海纳百川，有容乃大。"丰富的地域文化无疑给我校 CIC 课程设置带来了很多灵感，如工程搭建、海草房、华服小当家等。在课程设置时也是融海洋文化、精致文化于一体，内容丰富，体现了地域文化的"海纳百川"的特点。

2. 课程文化：CIC 课程的文化理念是"创造、创意、创新"，创造就是发现尚未被认识的事物，对已有成果进行创新，可以将此理解为一个过程或一种结果。创意就是具有新颖性和创造性的想法，也可以理解为人们具有与众不同的好点子。它是一种智能的拓展，是深度情感与理性的思考与实践。创新就是别人没想到的你已经想到了，它包括理论的创新、科技创新、文化创新、制度创新、评价创新、管理创新以及其他各个方面的创新。CIC 课程评价的文化"落位"就是要时时处处体现"创意、创新、创造"，体现"海纳百川"的理念，这是评判课程的一个很重要标准，也是我校品牌建设的核心理念。

三、科学创新原则

"创新"一词最早是由美籍奥地利经济学家熊彼特在 1912 年出版的《经济发展理论》中提出的。创新通俗地讲指与以往的不一样。科学创新评价原则不同于以往的任何一种评价，它具有典型的科学性、专业性、创造性。主要表现为：

1. 评价的指标体系灵活多样。有针对课程规划的评价，又有针对课程纲要的评价；有针对教师的教学设计的评价以及课堂教学的整体评价和观察评价，又有针对学习效果的评价，包括课堂教学、社团活动、项目化学习，还有针对资源利用的评价。

2. 多元评价。不仅关注终结性评价，更注重过程性评价。评价贯穿整个教学过程，包括：形成性评价、终结性评价以及课程效果评价。评价的类型多种多样，包括：档案袋、争章、主题展示等。评价的方式可以是学生自评、同伴互评以及教师评价、家长评价、专技人员评价等。

3.科学设置评价量表。CIC课程评价注重各种量表的使用，通过各种量表来监测学生课程学习的全过程。例如，对活动的参与程度、对知识的理解水平、对自身能力的发展水平、和同伴的协作程度，等等。每次活动结束后，教师会将各种量表汇总，反馈出存在的问题，不断修订完善，以便更好地实施课程。

四、多元整合原则

（一）多途径

CIC特色课程要对校内师生形成高度的文化渗透和价值确认，与三大课程群整合实施，形成课程合力，共同聚焦CIC特色课程的培养目标。学校通过整合课程，一方面促进了基础课程的校本化实施，为基础课程注入校本特色，使基础课程更鲜活，更富有教育意义；另一方面从不同的角度强化了对拓展课程和学科融合课程的文化和价值确认，使拓展课程、学科融合课程深入人心。

（二）多主体

CIC品牌特色课程的多主体评价原则是要求评价要坚持视角多元、评价内容多维度，统筹自我评价、学校评价和专家评价，按不同方面评价、不同学科类型和三大课程群，以区间和梯度分布等形式，呈现特色课程的多元整合原则。学校注重课程理念的自洽性，充分利用大数据，构建出可操作的评价指标体系，所有指标项之间具有独立性，能够进行区分。

（三）多形式

实行水平评价与成效考核相结合、日常观察与周期评价相结合、定量评价与定性评议相结合，积极积累过程信息。以大数据分析为主要支撑，既充分运用大数据技术，也组织专家进行定性评议；既考察现有能力，也衡量已有发展基础上的创意创新能力以及发展潜力。

CIC校本课程发展是一个长期的、动态的过程，对其评价采取定性与定量相结合，多方位、多主体评价，并且评价指标体系的建构也需要不断地反思、改良与完善。

第二节　评价方式

评价是课程设置的重要组成，也是课程实施的有效保障，更是学生在课程学习中的质量检验。学生的思维品质和关键能力通常会从多个角度表现出来，因此，学校需要指导教师将日常评价与学习成果结合，将形成性评价与终结性评价结合，建立由学生、教师、家长、专技人员等交互作用的评价主体。

一、形成性评价方式

形成性评价是 1967 年美国学者斯克里芬首次提出的，随后布鲁姆将其应用于教学领域。形成性评价即过程性评价，它"是通过诊断教育方案或计划，教育过程或活动中存在的问题，为正在进行的教育活动提供反馈信息，以提高正在进行的教育活动质量的评价"。它的主要目的不是为了选拔少数优秀学生，而是为了发现每个学生的潜质，强化改进学生的学习。心理学研究成果和教育实践经验表明，经常向学生提供有关学习进程的信息，可以使学生有效利用这些信息，按照需要采取适当的修正措施，使学习成为一个"自我纠正系统"。

CIC 特色课程正是以形成性评价为基础，对学生学习情况进行分析的动态评价，不仅关注结果，更注重学生成长与发展的过程，重点关注学生在学习过程中的表现。课程通过实行多次评价、随时性评价、汇报式评价、档案袋式评价、情境性评价、评选性评价、积分制评价、阶段展示及"争章摘星行动"等个性化评价方式，让评价贯穿日常教育教学，实现评价过程可视化、数据化，达到评价实施常态化、动态化。旨在激励学生，帮助学生有效调控自己的学习过程，促进学生的转变与发展，最终使每位学生都能在已有知识的基础上获得积极的学习经历和丰富的情感体验，增强自信心，培养合作精神。

档案袋式评价：记录过程变化，进行成长性评价。给每个学生建立成长档案袋，能让学生看到不同时期自己的兴趣爱好和成长变化。学校通过成长档案袋，展示学生校本课程学习成果，反思自身变化与成长，记录学生所付出的努力，显示令人满意或不满意的学习经验，表明学生的学习方式和个性发展。对学生成长档案袋的评定实行多元主体评价方式，要充分发挥评价的激励功能，对成长档案袋的评定结果，采用等级评定或使用描述性语言的形式呈现。

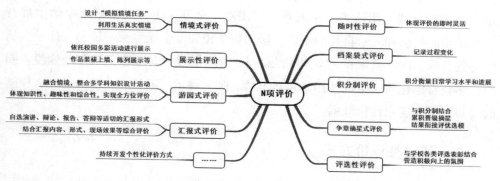

图 4-1 N 项评价图

情境性评价：聚焦任务驱动，进行情境性评价。通过设计情境任务，串联学科知识，融合多学科素养，在模拟情境中考查学生综合运用知识解决问题、完成任务的能力，关注学生在活动中的情感体验；利用生活真实情境，考查学生灵活应用知识的能力，考查学生能不能将自己所学知识灵活地与生活实际结合起来，并最终解决生活中的难题，有效激发学习兴趣，养成合作意识，培养勇于挑战的品质，让学生收获成长。

评选性评价：基于评优选模，进行评选性评价。依托学校每年举办的多种评选活动，如"活力学子"系列评选、"小达人"全学科评选、各级优秀三好学生评选、班干部评选等，为学生搭建一个展示才华、绽放自我的舞台，激发学生的兴趣爱好，提升学生的综合素养，活跃校园文化生活，展示学校教育特色。

积分制评价：立足持续发展，进行积分制评价。结合学生信用积分评价，学校将积分制度用于学生 CIC 课程学习的激励和管理，以积分（奖分或扣分）衡量学生日常学习的水平，反映学生的综合表现，调动学生的积极性。并将积分制与"争章摘星"行动相结合，设立"健体星""艺术星""实践星""创新星"等，每个之下再建立七个星级，积分累积达到指定分值，即可晋一星级，直至最后摘星。通过阶梯制、累积制的方式，学校构建了较完整的纵横交叉的多元化评价网络体系，有效促进学生的全面发展。同时，我们也将"争章摘星"行动与学校系列评优选模有机衔接，充分发挥评价的育人功能。

展示性评价：结合多彩活动，进行展示性评价。引导教师善于发现并挖掘学生优势，给学生创设自我展示的舞台，使其获得自信与成功的体验，激励其不断进步。考虑到校本课程的丰富多彩，学校选择与传统的节日庆典、"蝌园四节日"以及各类赛事等活动相结合，推进课程学习阶段性展示评价，采取团体展示、个人展示或"团体秀＋个人秀""团赛＋个赛"等方式，使每个学生都有参与活动的机会和展示自我的舞台，活动后学校为学生颁发荣誉证书，让学生从中得到教师、同学及家长、亲朋等的认可，充分感受评价带来的成就与愉悦。同时，学校常态化将学生优秀作品装裱上墙、陈列展示，家长、社会人士等入校随时可观，扩大展示评价范围。

二、终结性评价方式

终结性评价与形成性评价一样，是依据教学环节划分出来的教学评价的不同形态，与形成性评价处于教学活动的不同阶段。终结性评价是教学活动的重要组成部分，是对教学活动效果和学习者学业成就的全面评价。终结性评价和形成性评价的区别主要有三个方面：第一，形成性评价一般在每个教学单元结束时进行，是经常性的，如随堂测验、单元测验等；终结性评价在整个教学活动结束时进行，如学期末的期末考试、课程结束时的课程考试等。第二，形成性评价的主要目的是通过过程测验了解学习者对教学活动的反馈情况，以此作为教师调整后续教学活动的依据；而终结性评价的主要目的是评定学习者的学业成就，为他们的后续学业及成长提供某种能力的认可及资格的证明。第三，终结性评价的内容相对于形成性评价来讲，其范围更广，深度和难度也更大，更具有区分度。

在评价学生参与 CIC 课程学习中，学校既注重学生综合知识、个人兴趣特长拓展和深化等的评价，也注重学生综合应用知识解决实际问题能力的评价。在长期落实形成性评价的同时，学校注重通过实践操作、汇报演出、纸笔测验等形式对课程学习效果进行验收。考试主要采用论文、调研报告、作品鉴定、竞赛评比等多种形式，坚决杜绝单纯以纸笔考试成绩为依据评价学生。每学期期末，教学研究中心组织相关人员对学生所选课程成绩做出综合评定，评定结果采取等级或等第的方式，成绩存入学生学业档案并将评价结果向教师、学生、家长及相关人员或社会公布，接受社会对课程实施的监督。

三、多主体评价方式

对学生学习活动评价的一个重要问题是由谁来评价。新课改前，评价的主体主要是教师或教育管理者，存在评价主体单一化的问题。随着课堂教学改革的不断深入，教学评价的主体已经向多元化发展，由教师和教育管理者拓展到学生、同伴、家长等人。在组织 CIC 特色课程评价中，学校始终坚持多主体评价方式，充分发挥学生、家长、教师、社会等多主体综合评价功能，实施自我评价、同伴互评、家长参评、教师综合评定、专技人员专业评等，通过多元参与、多向互动，让评价根深叶茂。无论采取哪种评价，学校都以学生为主体，突出学生的自我反思，检查回顾学习的起点、过程、成果、困难、问题以及产生的原因，从而对当前的学习能力和方法有清晰的认识，明确下一步学习方向。

　　自我评价主要是学生对自己的学习策略、努力程度和学习效果等以及他们之间关系的评价和认识。学生对自己学习过程的评价是形成学习责任感、个人独特有效的学习方法、提高学习能力的重要途径。例如，在学生进行自我评价过程中，教师可从以下方面入手：上课是否认真听讲，参与课堂活动是否积极；是否善于倾听与思考，是否能提出解决问题的策略；是否有自主学习的良好习惯，是否有竞争与合作意识；是否能够通过学习活动有所收获并得到发展……教师通过引导学生进行正确的自我评价，培养及提高学生对自我评价的能力。

表 4-1 学生自我评价表

姓名：　　　　班级：

项目	评价内容	项目分值		
精神状态（25分）	1. 课前准备充分，物品放置整齐	5	3	2
	2. 精神饱满，坐立端正，表情自然，脸带微笑	5	3	2
	3. 发言声音响亮、清晰	5	3	2
	4. 富有浓厚的学习兴趣，高涨的学习热情	10	8	6
参与程度（50分）	1. 主动参与时间长（>70%），投身在自主探究、动手操作、合作学习之中	10	8	6
	2. 通过认真观察，能够主动发现和提出问题，有条理表达思考过程	10	8	6
	3. 善于倾听，在倾听中思考，在倾听后评价他人发言，及时补充自己的想法	10	8	6
	4. 善于思考，能提出解决问题的策略，表达自己独特的见解	10	8	6
	5. 积极参加小组学习活动，分工明确，主动与同学合作交流，并且能够确实解决问题或产生新的认识	10	8	6

项目	评价内容	项目分值		
参与 效果 （25分）	1. 具备良好的学习意志品质和道德品质	5	3	2
	2. 养成自主学习习惯，有竞争意识和合作意识	5	3	2
	3. 具有问题意识，敢于质疑问难，发表不同的见解	5	3	2
	4. 通过学习获得收获，得到发展，实现学习目标	10	8	6
项目等级	优秀（90—100分）	较好（80—89分）		一般（80分以下）

　　学生互评是学生在学习过程中以独立的学习小组为单位，依据评价标准，同伴之间对学习条件、过程及效果所做的评价。实施中，学校组织四个学生评一个学生，每一个评价者为被评的学生的学习行为写出评语，重点在优点以及改进建议。被评的学生根据同学和教师的评语写出总结反思，确定自己的改进方案。为了确保学生互评更加有效精准，学校组织教师提供榜样，展示优秀互评范例，帮助学生充分理解评价标准，为后续评价顺利推进奠定基础。这个过程也让学生学会信任他人、诚实公正地对待他人。同伴评价最重要的一点是要了解对方的学习状态，包括学习经验，让学生意识到同伴合作的力量及友好气氛、在学习过程中的重要性。互评鼓励学生合作和向他人学习。学生之间相互讨论，可以消除他们的忧虑和困扰，吸取他人的优点，从而确立自己努力的方向。

　　教师评价是教师对学生主动参与课堂活动做出的及时评价。教师的一句不经意的表扬也许会成为学生不断进取的动力。教师要注意收集不同教学活动中的评价方式，如学生发言、回答问题、合作学习等，使教学质量更优化。如，及时的语言鼓励、适当的物质鼓励、恰当的亲昵动作等等，让学生感到老师的关爱，从而轻松愉快地学习。

第五章　CIC 评价内容

第一节　课程开发

一、对 CIC 课程规划自洽评价

自洽指"某个理论体系或者数学模型的内在逻辑一致，不含悖论"。也就是说按照自身的逻辑推演的话，自己可以证明自己本身至少不是矛盾或者错误的，这就是简单的自洽性。CIC 课程规划自洽评价不仅要着眼于课程实施、师生成果等具体层面的逻辑自洽，还要关注特色课程与思想定位是否逻辑自洽，管理与组织、跨学科思维和合作精神等宏观层面的内容自洽。作为一种内需式的评价活动，自洽评价有助于 CIC 品牌课程提高自我认识和解决问题的能力，建构起品牌课程质量的内部保障机制。

表 5-1 CIC 课程规划自洽评价量表

评价要点	评价内容	项目分值		
课程理念 （25分）	1.适合教育的客观发展规律	10	8	7
	2.适合学生个性发展	5	3	2
	3.与学校的精致文化理念，地域文化逻辑自洽	10	8	7
课程目标 （20分）	1.目标依据符合 CIC 特色课程的总目标	10	8	7
	2.目标内容与课程理念保持一致	5	3	2
	3.目标的表述科学、清楚、可行	5	3	2
课程结构 （20分）	1.课程结构与课程目标一致	5	3	2
	2.课程结构具有综合性、前瞻性	5	3	2
	3.课程结构符合三大课程群的结构特征	10	8	7
课程实施 （20分）	1.教学团队与科研团队成员水平具有引领作用	5	3	2
	2.能够激发学生主动探究发展	5	3	2
	3.能够与学校的办学理念相契合	5	3	2
	4.能够与学生年龄特点，学校特色相融合	5	3	2

评价要点	评价内容	项目分值		
课程效果 （15分）	1. 学生的学习风气浓厚，合作意识与合作能力得到提升	5	3	2
	2. 学生的思想认识提高，创新意识与能力得到提升	5	3	2
	3. 教师的科研能力、课程开发能力得到提升	5	3	2
项目等级	优秀（90—100分）	较好（80—89分）		一般（80分以下）

二、对 CIC 课程纲要专项评价

CIC 课程纲要的内容要以学校办学思想和育人目标为准绳，表现学校办学特色，表现学生发展的多元化、生动化。不仅要关注学生的学业成绩，而且要发掘和发展学生多方面潜能，了解学生发展的需求，帮助学生认识自我，建立自信。课程纲要的专项评价要重视周期性，对课程实施情况、课程实施中的问题进行周期性分析评定，调整课程内容，改善教学管理，形成品牌课程，不断更新，不断适应学校的学生学习需求。

表 5-2 CIC 课程纲要专项评价量表

评价要点	评价内容	项目分值		
课程开发的背景 （30分）	1. 课程与国家课程、地方课程、校本课程紧密联系，符合素质教育和课程改革的需要	5	3	2
	2. 具有浓郁的地方文化，并且能彰显学校精致文化的特色	10	8	7
	3. 能体现学校的办学思想和办学理念	10	8	7
	4. 能够促进学生的个性发展，提高学生的创新能力	5	3	2
目标定位 （20分）	1. 符合学校精致育人的总目标	5	3	2
	2. 符合学生的发展，能够感知浓郁的地方文化和学校的精致文化理念	5	3	2
	3. 符合教师的发展目标，教师能够积极实行角色转变	5	3	2
	4. 符合培养学生提升创新素养要求	5	3	2
课程内容 （20分）	1. 课程结构清晰，有序开展	10	8	7
	2. 内容设置符合学生的年龄特点和心理特点，可操作性强，突出创新性、实践性	10	8	7
课程实施 （20分）	1. 课程符合学校精致育人的教育理念，能够激发学生兴趣	10	8	7
	2. 课程的开发注重学科之间的融合	5	3	2
	3. 制订教学计划，安排好教学进度，能根据学生的实际情况开展课程	5	3	2

续表

评价要点	评价内容	项目分值		
课程评价 （10分）	1. 能激发并维持学生对该课程的兴趣，学生评价良好	5	3	2
	2. 能够与学校课程开发的总目标逻辑自洽	5	3	2
项目等级	优秀（90—100分）	较好（80—89分）		一般（80分以下）

三、对 CIC 教学设计进行评价

对 CIC 活动来说，案例的教学设计尤为重要。案例的教学设计能力，体现了教师综合运用各种知识和技能，创造性地使用国家教材、校本教材的能力。学校依据 CIC 品牌校建设的理念，针对学生实际，设计体现具有一定创新理念的、有助于学生成长的案例。案例的设计要能体现创新性、创造性、合作意识。案例设计的好坏直接决定了案例开发的可行性、创新性。另外，案例的呈现形式要新颖多样。

表 5-3 CIC 教学设计评价量表

评价内容	评价指标	项目级分		
目标设置 （15分）	1. 从学生角度确定教学目标，目标阐述清楚、具体、可评价	5	3	2
	2. 体现创新意识，能够提升学生的创新能力	10	8	7
教学策略 （15分）	1. 有创新，符合学生的年龄特征。具有学校特色，能融趣味性、知识性、科学性、创新性于一体	10	8	7
	2. 可操作性强，便于实施。能对学生进行正确的世界观、人生观、价值观的引导	5	3	2
教学过程 （40分）	1. 能够引导学生独立思考，大胆质疑，通过合作展示解决问题	5	3	2
	2. 能够对展示问题进行比较归纳，总结问题解决的思维方法	5	3	2
	3. 能整合学生已有的知识和生活经验，引导学生以多种学习方式有效地解决学习、生活中的问题	5	3	2
	4. 能让学生在一系列亲身参与的过程中提升自己的能力	10	7	6
	5. 以多种形式引导学生自主探究，让不同层次的学生都有不同程度的发展	10	8	7
	6. 采用学生活动的方式，以问题探究为主线，引导学生积极参与	5	3	2

续表

评价内容	评价指标	项目级分		
教学评价 （15分）	1. 评价量表是针对本案例的各个环节展开的	5	3	2
	2. 评价内容对学生有鼓励与肯定	5	3	2
	3. 通过多途径多角度开发评价量表	5	3	2
特色创新 （15分）	形成独特性的物化成果。	10	8	7
	教学成果有创新性。	5	3	2
项目等级	优秀（90—100分）	较好（80—89分）		一般（80分以下）

第二节　课程实施

课程实施的过程评价主要是对课堂教学过程的评价，包括对教师的评价和对学生的评价，教师评价侧重了解教师的教学态度、教学方法、教学水平，对学生的评价侧重了解学生的兴趣、学生的感受等。为确保 CIC 特色课程实施的有效性，学校组织特色课程校外专家团队和特色课程校内视导团队全程监测课程实施过程中是否采取了知识学习、动手操作、社团活动、创新实验、社会实践等多样化的途径，监测教学方法的选择是否科学有效，有没有真正落实学生的主体地位；课程评价是否具有较强的可操作性、方法是否科学、课程实施是否关注学生的学习体验、学生对课程的满意度如何、课程评价是否具有激励性等。

一、课堂教学的整体评价

学校开展课堂教学评价，实质是希望通过评价促进教师投身课堂教学改革、改变教学方式，帮助教师提高专业素养、教学能力，最终推动课堂教学的改进。学校基于对育人目标和办学理念的深度解读来确定课堂教学评价导向，对课堂教学发展进行了具体定位，以此确定能够充分体现学校课堂教学价值导向的课堂教学评价标准。在标准的制定过程中，我们重视教师的真正参与，让教师充分参与制定标准—试用标准—修改完善标准—运用标准的过程，突出强调反思研讨和持续实践，并坚持专家引领，适时邀请相关领域专家介入，向教师介绍标准制定的理论，共同研讨标准的修改与完善。同时重视评价标准的"变式"开发，鼓励各学科组教师结合学科特点，在学校制定的统一评价标准基础上，开发具有学科特色的课堂教学评价标准。

我校以精致教育为办学特色，以培养"具有家国情怀、国际视野、创新精神、精彩绽放的蜊中学子"为目标，尤其强调以"能合作会创意、能担当会创新、能求真会创造"为内核的创客素养培育，所以学校课堂教学评价重在关注课堂教学是否充分体现学生学习活动的自主性、探索性、创新性，学习方式的合作性、实践性、综合性，教学过程的情境性、合作性、建构性，教授方式的灵活性、针对性和创造性；具体突出是否"贯彻问题化教学思路，通过问题—问题链—问题群的设计引领，激发学生深度思考""通过采取启发式、探究式、讨论式、项目化等学习方式，培养学生自主思考、合作探究、发现解决问题、质疑批判、创新"等高阶思维能力。

表 5-4 蜊江中学课堂教学评价样表

评价内容	指标描述	分值	评价主体		评价结果
			自评	他评	
教学目标（10%）	1. 目标设定符合学科课程标准、教材要求和学生实际，有利于学生发展	5			
	2. 目标明确具体，可操作性强，渗透德育及家国情怀等人文教育	5			

续表

评价内容		指标描述	分值	评价主体		评价结果
				自评	他评	
教学过程（60%）	教师行为	1. 教学活动设计贴近学生实际，强调全体参与，立足学生已有经验，提供生活化任务型的教学活动场景，注重情境创设，兴趣激发，激发学生探究欲；学习目标呈现清晰，突出教学重难点	6			
		2. 及时整理提炼学生生成的问题，适时适度指导学生学习活动，矫正纠错、提炼总结，体现智慧型指导	6			
		3. 注重探究式、合作式教学，组织多种形式的探究讨论与交流等活动，体现学生自主学习，重视师生、生生间的合作交流	6			
		4. 注重学生在参与活动中思维的发展情况，设疑导思，质疑问难，问题有梯度，具有启发性，适度发散，有助于学生思考，培养学生创新意识	6			
		5. 直观教学（实验演示等）、现代教育技术等手段的设计和使用具有创造性，应用适时适度，操作规范、准确、熟练，能辅助教学内容突破教学重难点，实效突出	6			
	学生行为	1. 自主性。学生在教师指导下主动参与学习活动，能根据教材和教师提出的问题认真思考和学习，在回答问题、讨论、表演、完成学习任务时能主动提出有意义的问题，并运用学过的知识、掌握的技能分析解决新问题，能自主选择最适合自己的学习方式进行有效学习，培养自我实践能力	10			
		2. 合作性。学生在教师引导下有效开展合作学习，在合作中交流互动，共同探究学习问题，能尊重教师、同学，积极听取、吸收他人意见，清晰表达自己的观点，质疑研讨诚恳，评价客观公正	10			
		3. 探究性。学生在教师引导下，能够独立思考或同伴合作展开探究学习，并在探究中拓宽知识面，提高分析、解决问题等能力	10			

续表

评价内容	指标描述	分值	评价主体		评价结果
			自评	他评	
教学评价（10%）	1. 全程滚动推进过程评价活动，能指导学生及时自评、互评，恰当、合理地使用评价工具，注重效果，促进学生以高度的热情，自觉自发投入学习中	5			
	2. 在教学中准确、多样、有效运用评价语言，突出激励性、指导性与发展性，使教学评价成为学生情感、知识与能力的增长点	5			
教学效果（20%）	1. 完成预定教学任务，达成教学目标	10			
	2. 教学氛围宽松和谐，体现合作精神，学生参与度高，在学习过程中感受体验并获得解决问题的方法，形成有效学习策略，养成良好的学习习惯	5			
	3. 在学习中不同层次的学生都能在知识、能力、情感和思维等方面得到不同的发展	5			
改进建议		总分			
评课人					

说明：总分90分以上（含90分），该课堂为优秀；总分80分以上（含80分），该课堂为良好；总分60分以上（含60分），该课堂为合格；总分60分以下，该课堂为不合格。

表 5-5 教师问题教学评测量表

评价内容	评价指标	项目级分			
创设情境提出问题（20分）	1. 是否利用问题激活学生思维，激发学生学习兴趣和学习动机，并提出自己的疑问	10	9	8	7
	2. 是否能够引导学生发现问题之间的联系	10	9	8	7
问题引领实践探究（20分）	1. 是否能够设计富有猜测性、探究性、挑战性的问题，问出悬念，形成问题群	10	9	8	7
	2. 是否引导学生根据问题链进行探究，初步理解、内化知识点	10	9	8	7

评价内容	评价指标	项目级分			
展示梳理 总结归纳 （20分）	1. 是否引导学生独立思考，大胆质疑，通过合作展示解决问题	10	9	8	7
	2. 是否能够对展示问题进行比较归纳，总结问题解决的思维方法	10	9	8	7
实践应用 反馈提升 （20分）	1. 是否能够通过归纳评价等帮助聚焦有价值的问题，形成完整知识脉络的建构	10	9	8	7
	2. 是否引导学生应用已经掌握的规律，研读问题，举一反三地看待问题	10	9	8	7
总分					

说明：总分70分以上（含70分），为优秀；总分60分以上（含60分），为良好；总分50分以上（含50分），为合格；总分50分以下，为不合格。

二、课堂教学的观察评价

课堂观察主要是通过观察对课堂的运行状况进行记录、分析和研究，并在此基础上谋求学生提高课堂学习效率、促进教师发展的专业活动。它要求观察者带着明确的目的，凭借自身感官及有关辅助工具（观察表、录音录像设备），直接（或间接）从课堂上收集资料，并依据资料做相应的分析、研究。观察者带着问题和任务进入听课课堂，通过课堂观察，有效改善教师和学生的课堂行为，促使教师逐渐形成自己的教学风格，提高教师的教学能力，从而推动教师专业发展，同时也使教师实现合作共赢。因此，课堂观察并不是为了做出评判，也不是为了获得结论，而是为了更好地促进教师改变课堂。这种改变，着力体现教师的"三个学会"。第一，学会研究，实现课堂研究能力的改变。第二，学会上课，实现教学实践能力的改变。第三，学会教学，实现课堂教学效果的改变。

课堂是师生共同成长的地方，课堂观察应从教师和学生两个维度进行，首要突出对学生"学习"的观察，即关注学生是否学、如何学、学得如何，从学习效果追踪学习行为，然后思考教的行为，观察教师的"教"是如何服务于学生的"学"的，由此发现教学行为和学习效果之间的关系，实现真正意义上的"学为主体，以学论教"。具体表现为教师方面，课堂观察指导思想是否体现"教为指导、学为主体、动（练）为主线"的教；是否重视实践能力和创新思维的培养；观察目标的确立是否具体精准，是否符合三维目标要求，是否关注高级认知技能；教学内容是否恰当；联系实际且具有较强的启迪性；观察指导过程是否有问题驱动启迪思维；激发起学生探究学习的兴趣；问题链与学生认知水平、知识结构的关系如何；能否给予学生充分的思考空间和合作探究、动手实践机会；教师在专业素质方面，是否善于学习创客素养相关的前沿知识，是否具有创新意识、较强的课题开发和研究能力、较强的指导学生动手实践的能力等。学生方面，是否以"能合作会创意、能担当会创新、能求真会创造"的课程育人目标为引领；是否聚焦 CIC 学生学习路径；是否确立了"好奇—模仿—提问—讨论—设计—论证—制作—表达"八个观察维度；是否通过课堂观察对学生学习行为和效果进行诊断，指导改进，提升成效。

表 5-6 蜊江中学教师课堂教学观察评价表

观察者		授课者		学科		观察时间	
课题							
观察视角		教师教学行为					
观察维度	观察点		课堂记录		观察结果分析		
教学设计	教学目标的科学性与着力点						
	对教材的理解与处理方法						
	课程资源的加工与整合						
教学方法	教法的选择与设计						
	学习方法指导设计						
教学问题	问题设计的科学性与思维度						
	问题处理的方法与技巧						
	生成问题的处理能力						
专业素养	语言艺术及教态						
	教学实践与研究能力						
	自主学习主动成长能力						
	应变及调控课堂的能力						
	指导学生动手实践、创新能力						
教学个性	教学个性特点						
	教学风格						

说明：在课堂记录栏填写教师对应项的具体做法与表现，在观察结果分析栏填写优点与不足，为教师改进教学提供参考。

表5-7 蜊江中学学生课堂学习观察评价表（一）

观察者		授课者		学科		观察时间	
课题							
观察维度	观察点			课堂记录或现象描述		观察结果分析（定量、定性）	
好奇	对新知识表现出的兴趣（目光、面部表情、形体动作等）						
	参与学习探究的积极性						
	课堂认真倾听的人数						
	认真倾听的时间						
	倾听后主动发言的学生数						
	课堂自主提出问题或质疑的次数						
	追问的次数						
总体评价							

表5-8 蜊江中学学生课堂学习观察评价表（二）

观察者		授课者		学科		观察时间	
课题							
观察维度	观察点			课堂记录或现象描述		观察结果分析（定量、定性）	
模仿	参与的人数						
	选择的方式（记忆、理解、想象、表达等）						
	再现特定示范动作或行为的表现效果						

表5-9 蜊江中学学生课堂学习观察评价表（三）

观察者		授课者		学科		观察时间	
课题							
观察维度	观察点			课堂记录或现象描述		观察结果分析（定量、定性）	
提问	学生提问的时机						
	学生提问的内容						
	学生问题的指向性（A.清晰；B.模糊）						
	学生提问的类型（A.识记、理解；B.应用分析；C.综合、评价）						
	提出每一类别问题的个数						
	学生的回答体现思考或有创意的人次						
总体评价							

表 5-10 蜊江中学学生课堂学习观察评价表（四）

观察者		授课者		学科		观察时间	
课题							
观察维度	观察点			课堂记录或 现象描述		观察结果分析 （定量、定性）	
讨论	讨论主题与活动任务的密切程度						
	参与讨论的学生数						
	学生小组或师友间讨论的时间						
	讨论中主动发表自己观点意见的人数						
	讨论秩序（有序、无序）及讨论氛围						
	倾听过程中记录同学观点的人数						
	倾听发言后能表达与同学不同观点的人数						
	倾听发言后能补充同学观点的人数						
	讨论结束后，能形成一致观点的人数及讨论达成共识情况						
	讨论结束后，能代表小组清楚表达观点的人数						
总体评价							

表 5-11 蜊江中学学生课堂学习观察评价表（五）

观察者		授课者		学科		观察时间	
课题							
观察维度	观察点			课堂记录或 现象描述		观察结果分析 （定量、定性）	
设计	参与设计的学生数						
	参与设计的方式						
	信息采集运用方式效果						
	设计的合理性与可行性						
	设计的创意度						
	设计与活动任务的关联						
	呈现设计思路等的方式						
	设计呈现的效果						
总体评价							

表5-12 蝌江中学学生课堂学习观察评价表（六）

观察者		授课者		学科		观察时间	
课题							
观察维度		观察点		课堂记录或现象描述		观察结果分析（定量、定性）	
论证		提出疑问的个数					
		有效答辩的个数					
		论证方式的选择					
		论证思路的条理性与逻辑性					
		论证依据的适切性与有效性					
		论证的自洽性与严密性					
		论证结果的可靠性与可信性					
总体评价							

表5-13 蝌江中学学生课堂学习观察评价表（七）

观察者		授课者		学科		观察时间	
课题							
观察维度		观察点		课堂记录或现象描述		观察结果分析（定量、定性）	
制作		参与制作的人数					
		制作方向的明确性					
		制作方式的选择					
		制作时间分配的合理性					
		制作所需材料的收集来源					
		制作与设计的贴合度					
		制作过程中的复盘反思、问题解决情况					
		作品的完成度					
		作品的原创性和创造性					
		制作体现出的多学科知识融合性					
总体评价							

表5-14 蜩江中学学生课堂学习观察评价表（八）

观察者		授课者		学科		观察时间	
课题							
观察维度	观察点			课堂记录或现象描述		观察结果分析（定量、定性）	
表达	敢于并积极呈现自己想法的人数						
	语言的组织和表达连贯性（用词、叙述、逻辑性等）						
	语言表现（用自己的话正确解释表达核心知识和概念等的情况）						
	表达方式（运用口头、文字、符号、图形、表格等方式呈现思维过程的情况）						
	表达技巧（声音、眼神、语调、身体语言等的运用及附加效果）						
	视觉辅助工具的使用对表达的增值效果（音乐、视频、服装等）						
	表达应变（应对受众反馈和问题的情况）						
	书面表达（字迹、条理、语法等）						
总体评价							

说明：运用上述观察表时，可根据班级学生数量，将学生拆分为几个小组，由教师观课，小组分工完成，以提高观察的准确性；也可观察部分学生，以抽样的方式进行观察和分析。

表5-15 蜩江中学学生课堂学习目标达成情况观察评价量表

观察者		授课者		学科		观察时间	
课题							
观察视角		学生课堂学习目标达成情况					
观察维度		观察点		记录		结果分析	
学生对本节课学习目标的知悉情况（通过询问等方式了解，征询学生人数不少于班级学生数的1/3）		核心价值					
		学科素养					
		关键能力					
		必备知识					
教师为促进目标达成采用的措施（自学、讲解、练习、演示、讨论、表演等）							
验收目标的方式		□随堂练习 □当堂检测 □提问 □观点辩论 □写文章 □做课题 □其他					
学生目标达成效果		共（ ）人，达成（ ）人，占比（ ）					

观察者		授课者		学科		观察时间	
基于学生学习与发展的课堂评价 1. 对目标完成情况的评价 2. 对学生学习过程的评价 3. 对学生的个性化评价（如实记录教师评价内容、方法，一定注意观察、记录学生对评价的反映情况）							

评价不光是激励，更是一种方向。CIC评价，撬动了思维的支点，让课程发展能被看见。未来研究中，我们要更多遵循逻辑性、实践性，力争通过全面深入的课程评价研究，真正实现"生命在评价活动中丰富，课堂在评价活动中生动，学生在评价活动中发展，教师在评价活动中成长，课程在评价活动中回归"的愿景。

第三节　学习效果

一、课堂学习效果

学校对课程学习效果的评价是从评价课程内容、评价学生、评价教师等方面进行的。

1. 评价课程内容

（1）目标的恰当性

关于教学目标，要符合学生的实际情况，具有可操作性，并能使知识目标、技能目标、情感目标实现融合。课程目标要设定准确，遵循教育发展规律和学生的成长规律，并且能够关注学生个性和特长的发展，重视学生的创新意识和实践能力的培养。

学校教育的基本途径是课堂教学，有无明确的教学目标是课堂教学成败的关键，只有明确了教学目标才能科学地组织和调整教学内容，合理地安排和开展教学活动，准确地分析和评价教学效果。这就要求教师在设计教学目标时：一要具体化，教学目标应细化到认知、技能、情感等领域各项目标，避免过分强调知识性目标，以达到素质教育的要求；二要实际化，教师应在了解学生实际能力水平和特点的基础上，合理确定教学重点，以便在课堂教学中集中精力讲清重点，从而提高教学效率；三要分层化，每个学生都是特殊的个体，教师必须要将个体差异作为一种资源来开发，从而在教学目标的设计上体现出合理的层次性，促使每个学生都学有所得、学有所长。

（2）提问的启发性

课堂问答是课堂教学过程中必不可缺的一种教学手段，学生通过教师提出的问题展开学习思考，教师通过学生的回答把握教学效果。教师要高效地完成课堂教学任务，就必须注重对课堂提问启发性的研究，切实达到"有效"的标准。真正有启发性的有效提问应是能有效促进师生间互动、增强课堂教学实效性的问题，如教师通过提问来启发学生发现问题，通过追问来启发学生发现认识过程中的自相矛盾之处，从而掌握正确知识，通过启发学生提出问题，在自我评价与集体评价相结合的评价方式中有效提升自我学习能力。

（3）板书的系统性

一堂课的板书，是对课堂教学内容的高度概括，内容应完整、系统，对于讲课提纲、基本内容、重要结论等起到强调作用。因此，高效课堂的板书应具备网络性，以便于学生在课后利用板书的章、节、条、款进行归纳小结，收到再现知识、加深理解、强化记忆的效果。

课堂教学是教学过程的中心环节，是教师和学生进行教学活动的主要形式，为了促进课堂教学改革，提高课堂教学质量，针对教学目标与教学评价，设置了如下标准：

关于教学内容，教师要能准确把握所教学科的重难点，教学内容需紧密联系学生的生活实际，以激发学生积极思考。同时，教师要能从教学实际出发，转变教材观念，对教材进行科学有效的整合，能够创新使用教材。课程结构科学合理，内容突出重点，有特色，有科学合理的课程纲要，充分开发与利用校内外资源，由专人进行教学，课时安排符合规定，课程实施的方法科学，课程内容选择适应学生发展需要，对学生课程学习的评价可行、有效。学校对校本课程的管理和评价的方法科学合理，重视过程管理，课程反思体现学生的发展和学校的特色。

表 5-16 课程评价用表

项目	内容	具体指标	分值	自评	校评
课程方案评价	课程开发的意义	1. 课程与国家课程、地方课程、校本课程紧密联系，并能彰显学校特色			
		2. 课程促进学生的个性发展，提高学生的创新素养			
	目标定位	1. 课程目标、育人目标明确清晰			
		2. 符合培养学生提升创新素养要求			
	课程内容	1. 课程内容框架清晰，有序开展			
		2. 内容设计科学、启发性强，突出创新性、实践性			
	评价	评价可操作性强，方法科学			
课程实施过程评价	指导思想	1. 课程符合学校"共享生命成长"的教育理念			
		2. 课程符合学校"养心育德、养根育能"的教育策略			
	教学过程	1. 学期初制订教学计划、安排好教学进度			
		2. 能根据学生的实际情况，开展内容开放、层次分明的创新课堂			
	实施成果	1. 能激发并维持学生对该课程的兴趣，学生评价良好			
		2. 能及时收集、整理学生学习的过程性资料、作品、调查、科研报告			
		3. 能指导学生在科技活动、各项竞赛、科技创新大赛中取得优异成绩			

2. 评价教师

教学活动中师生角色的定位是"学生是学习的主人，教师是学习的组织者、引导者与合作者"。在高效的课堂教学过程中，教师的指导必须具备适时性，如当学生的自主学习偏离了教学目标时，教师必须通过适时的指导引领学生回归"大道"，为教学目标的达成保驾护航，当学生面对学习难点徘徊不前时，教师必须通过适时的指导给予援助、化解疑难，保证课堂教学的顺利展开，当课堂氛围过于活跃或沉闷时，教师又必须通过适时的指导加以调控，以创设符合教学需要的和谐氛围。

通过听课、调查访问、查阅资料等形式，对教师进行考核，并列入业务档案。考核主要看四方面：一看教师的教学案例、教案等资料；二看学生实际接受的效果；三看领导和教师听课后的反映；四看学生及家长问卷调查的结果。

对于教师的行为评价主要有以下六方面：

（1）课堂教学中教师能否有效地组织学生进行学习。教师应能够对学生的学习方法进行恰当指导，培养学生良好的学习习惯，创设生动有趣的教学情景来诱发学生学习。教师应成为学生与课本之间的桥梁、纽带，能和学生一起学习、探究、交流。

（2）课堂上能否营造民主、平等、和谐的学习氛围。教师的教姿教态须亲切自然，对学生在学习过程中的评价要恰当、有激励性。

（3）教师能够根据教材的重点、难点精心设计问题。教师所提出的问题能针对不同层次的学生，能启发学生深入思维，促进学生知识的建构，并能给学生留有充分的思考时间，同时注重引导学生主动提出问题。

（4）根据教学内容和学生实际，教师要恰当地选择教学手段，合理运用教学媒体与器材等。

（5）课堂上教师对于教材的讲解语言需精确简练，示范操作规范，板书特别是思维导图要合理运用。

（6）教师的教学要有一定的风格和艺术性，不能言语辱骂或体罚学生，对于课堂上的突发事件能够沉着、冷静地处理。

就教师而言，在教育观念上，新的课程理念已落实在教育教学实践中。在教学方法上，教师需要采用现代化的教学手段，根据学生的智能结构，多元培养，分层施教，并开展丰富多彩的教学活动，教学手段多样化。

总之，校本教材的使用，更新了教师的教学理念，拓宽了学生的知识面，提高了学生的阅读理解能力，提升了学生的语文素养，具有很强的针对性、实用性，值得大力推广使用。

表 5-17 教师课堂教学评价表

讲课教师_____ 课题_____ 年级_____ 学科_____ 时间_____

评价类别	具体评价内容	分值	教师实际教学情况	得分
知识掌握（10分）	书本知识传授严谨准确，无科学性错误	4		
	教师知识储备灵活运用，课堂气氛活跃	3		
	师生互动产生新的知识，创新效果明显	3		
能力培养（10分）	思维能力训练具有深刻性，能引导学生独立思考	5		
	观察、记忆能力培养到位，养成良好的学习习惯	5		
教学过程（20分）	恰到好处的环节设计，创设有利于学生思维发展的情境	5		
	激发兴趣的有效措施，开创有利于学生学习的氛围	5		
	充分尊重学生的个性，打造有利于学生独立思考的课堂			
	科学有效的训练安排，拓宽有利于学生学会学习的途径			
	把握最佳的教育契机，形成有利于学生健康成长的教学活动			
教学方法（20分）	有能够调动起学生学习热情的有效方法	20		
	有能够把学生思维引向深入的有效方法			
	有能够引导学生参与教学的有效方法			
	有能够促使学生合作、探究的有效方法			
	有能够指导学生记忆新知识的有效方法			
情感态度价值观（10分）	教学过程中渗透思想品德教育，使学生获得感悟	10		
	学习过程中注重人文精神教育，使学生关爱他人			
语言文字（10分）	教师语言表达清晰，使用普通话	10		
	教师写字规范，无错别字			
教师素质（10分）	教材挖掘深刻富有开拓性	10		
	板书设计精练富有审美性			
	教学手段先进富有创新性			
合计				

表 5-18 教师课堂教学评价表

姓名_____ 课题_____ 年级_____ 授课时间_____年___月___日

评价项目		评 价 内 容	分值	得分
教材处理	教学目标	知识、能力、价值观目标是否明确，教学目的是否符合新课程要求和学生实际，知识技能、能力培养、思想教育的要求是否明确、恰当、可行	5	
	教学内容	是否体现教学目标，知识讲解是否具有科学性、系统性，是否做到理论联系实际，教材的理解与处理是否具有科学性	10	
	教学结构	教学安排的循序渐进性、层次分明性、系统完整性、密切适中性如何	5	
教学基本功	教学语言	教学语言是否清晰、准确、简练、通俗、生动、逻辑严谨，是否运用普通话教学	5	
	板书设计	板书设计是否具有科学性，是否工整、完美、简明、扼要，条理清楚	5	
	教学手段	能否熟练运用现代化教学设备和现代化教学手段进行教学、演示、讲解，演示和讲解能否有机结合	10	
教学方法	方法选择	方法选择是否灵活多样，是否与教学目的和教学内容相适应，是否与学生的年龄特征相适应，课堂教学是否机智	15	
	教学原则	是否以学生学习为主，学生的课堂主体性体现得如何，教学原则的选择是否科学合理，符合学生的实际	10	
	时间分配	教师的课上各环节讲、练、演示、板书及主次内容的时间分配是否合理，能否做到精讲多练，加强能力培养	5	
	激发兴趣	是否有意识、恰当地运用生动的实例激发学生的学习动机，培养学生的学习兴趣，提高教学效率	5	
教学效果	课堂反馈	课堂上教师能否及时掌握学生的反馈信息，并采取相应的调控措施进行教学	5	
	课堂气氛	课堂氛围是否活跃而不沉闷，学生的课堂参与度如何	5	
	学生状态	学生是否认真听讲，积极思考，大胆发言，学习积极性是否被充分调动起来	5	
	学习效果	基础好、中、差学生是否各尽其智，各有所获，均衡提高。学生对本节课的知识、技能掌握的程度如何，能力发展程度如何	10	
等级与总分		得分：　等级：　　　评审组长签字：		
评委签字				
备 注		得分 90—100 为优秀；75—89 为良好；60-74 为合格，低于 60 分不合格。		

3. 评价学生

学生是学习的主体，要想实施高效的课堂教学，就必须重视调动学习主体的积极性，创设民主、平等、和谐的课堂气氛。学生能否主动地思考课堂教学中所产生的问题，学生能否在实践探究中解决问题，学生能否在反思质疑中发现新的问题，学生能否在课堂学习中提高相应的能力水平。如果这一系列问题的答案都是肯定的，那么我们的课堂教学才真正由传统的"教而获知"转变为"学而获知"，从而也就实现了高效课堂所追求的目标。

对学生评价主要是发展性评价，这主要着眼于两方面：一看学生在学习过程中的表现，如情感态度与价值观、学习积极性、课堂参与情况等，将学生分为"优秀、良好、合格、不合格"等形式记录在案，作为学生的评比条件。学生可以通过实践操作、竞赛、评比、汇报演出等形式展示，成绩优秀者可将其成果记入学生学籍档案内。

对学生的行为评价主要分为以下四方面：

（1）学生学习的主动性被调动起来，积极地参与到学习活动之中，学生要有强烈的求知欲望。

（2）学生由被动学习变为主动学习，构建师生合作体系，体现自主学习与合作学习，使接受性学习与探究性学习恰当结合。

（3）学生是否善于发现问题、提出问题、积极解决问题，学生是否敢于质疑、积极合作、主动探究。

（4）学生在学习过程中有效参与，90%以上的学生是否能够相互交流知识、交流体会、交流情感，在获取丰富知识的同时形成一定的学习能力。

就学生而言，在知识技能上，学生的知识面大大拓宽，开阔了视野；在学习方式上，学生学习的积极性较高，变被动为主动，真正地成为学习的主人；在能力发展上，学生的理解分析能力、语言表达能力有了很大的提高；在情感上，学生的学习兴趣浓厚，自主探究、团结协作的意识增强，学生的综合素质明显提高。

表 5-19 学生课堂学习评价量化表

姓名		班级		学科		日期			
评价目标		评价标准				分值	得分		
							自评	组评	师评
学习态度		尊重他人意见，不固执己见				5			
		善于发现合作伙伴的长处				5			
		遇到挫折相互鼓励，并群策群力				5			
		回答问题的仪表仪态，语气语速，口头表达能力				5			
学习能力	发现问题	对于课堂上不明白的问题能主动向老师请教				5			
		主动观察和思考教学在生活中的应用，并向教师提出有创意的问题				10			
		主动思考问题，积极提出问题或主动回答教师提出的问题				10			
	探究问题	对课堂中出现的问题敢于质疑或对某些结论敢于否定				10			
		有"金点子"：有高于一般同学的看法和建议，并得到师生的认同				10			
		有"金钥匙"：有化难为易，事半功倍的好办法被采纳使用				10			
学习方法		上课不是被动听课，而是主动学习，会记录学习要点，会主动思考，积极发问				5			
		与老师的双向交流情况				5			
		在小组里的表现情况				5			
学习目标		对本节课的教学内容的掌握达成度				5			
		能应用课堂知识技能去解决相关的生活问题				5			
总分			等级						

说明：总分＝自评＋组评＋师评，其中自评占总分的 20%，组评占总分的 40%，师评占总分的 40%。分为四个等级，标准如下：

A 等：总分 90 以上； B 等：总分为 80—89 分； C 等：总分为 70—79； D 等：总分为 60—69；

备注：本表的目的是检测学生学习水平。

二、社团体验效果

开展社团活动，是素质教育的需要，是青少年德、智、体、美、劳全面健康发展的需要。因此，为了使学生在紧张的学习之余，发展自己的主人翁意识，扩充知识面和提高实践能力，培养学生的团队协作能力，我校开展多种社团活动。

我校的社团都有固定的活动场所和活动时间，每周社团的教师都会精心给社团学生上课，带动学生在课外发展自己的兴趣特长。定期开展社团活动，激发学生的兴趣，并带动其他学生的参与积极性，促进学生德、智、体全面发展。

表 5-20 社团活动设置表

类别	社团名称	教师	活动地点
CIC 基础融合课程	玩转地球	朱海燕	启慧楼 104
	生命脉动	杜俊丽	1.7（2.7）
	生活数学	杜永静	1.3（2.3）
	格物致理	曲金秀	教室
	纵横经纬	朱海燕	启慧楼 104
	国学经典	刘兰芳	启慧楼 406
	神奇化学	毕丽青	实验室 104
	话里话外	刘燕妮	教室
	采薇诗社	王志敏	1.5（2.5）
CIC 拓展发展课程	生活创意工坊	杨柳	物理实验室 303
	工程搭建	于文博	综合实践室 2
	蜩园造物	李爱燕	1.8（2.8）
	创意沙画	张华	创客中心四楼（最东头）
	树莓派	顾淑翠	创客中心三楼（创意智造）
	创想无人机	张际云	创客中心三楼 301
	模拟飞行	吴海旭	创客中心三楼 316
	遥控纸飞机	崔思政	创客中心三楼 314
	畅学编程	王建红	微机室 2（启慧五楼）
	田园笔记	杜俊丽	1.7（2.7）
	智慧数学	杜永静	1.3（2.3）
	谱写健康	张际云	1.1（2.1）
	五彩生活	毕丽青	实验室 103
	华服小当家	于文芳	综合实践室 1
	丝网印刷	龙祥燕	创客中心三楼东北
	3D 打印	刘杰丹	微机室 1（启慧五楼）
	趣味编程	王建红	微机室 2（启慧五楼）

续表

类别	社团名称	教师	活动地点
CIC 综合探究课程	天鹅守护者	孙秀	1.1（2.1）
	荣成美景	毕乐春	实验室 306
	荣成风俗	毕乐春	实验室 306
	荣成非遗	刘玉婵	实验室 306
学长课程	丈量时光	毕乐春	2.1
	数有独钟	毕乐春	2.2
	书情画意	于文博	2.3
	舞动青春	于文博	2.4
	慧言巧舌	刘玉婵	2.5
	品味英语	王玲玉	2.6
	墨香斋	孔玲	2.7
	棋乐无穷	原宗燕	2.8
	悦读悦美	李文文	2.9
	心海扬帆	赵景丽	2.10
师长课程	乒乓球	张艳	创客中心
	绿茵逐梦	刘艳妮	操场
	田径	董长松	操场
	篮球	肖阳朝	操场
	羽毛球	张威	操场
	跳绳社	李术跃	操场
	武术搏击	家长志愿者	操场
	莺歌燕舞（合）	张娟	创客中心
	滨海之声（乐）	王巧玲	创客中心
	舞艺翩翩（舞）	李雨	创客中心
	国风颂（诵读）	李娴娴	创客中心
	云林馆（素描）	董楠楠	美术活动室 1
	国艺轩（国画）	李婧晗	美术活动室 2
	炫彩轩（色彩）	李维洁	美术活动室 3
	抱砚轩（书法）	黄秀芳	美术活动室 4
	摄影	王国范	实验室 101

说明：

1. 初一、初二年级社团活动采取学生选课走班的方式进行。

2. 每个社团的人数不低于 5 人，不超过 20 人。

3. 每个主题至少用 5 个课时完成。

4. 每次活动时间为 90 分钟。

《智慧数学》《格物致理》《玩转地球》《五彩生活》等社团，体现的是学科内知识的融合。社团体验效果，主要是指蜊中社团活动的课程的实施情况，比如《蜊园造物》《田园笔记》等校本课程的效果，体现的是跨学科的融合。项目实践效果对接的 CIC 探究综合课程群，《天鹅守护者》《谱写健康》等通过研学等形式开展社团活动，部分社团还利用项目化或者探究式学习方式展开活动。CIC 课程群主要是采用项目化或探究式学习方式推进的，强调从做中学，培养学生创新创造、发现解决问题、批判性思维等高阶思维能力以及合作探究、表达交流等能力。

"要给别人一滴水，自己要先有一桶水。"担任社团的指导教师们，虽然自身拥有一定的功底，但为了给学生上好课，教师们也投入到学习中去，以更好地指导学生，让活动更有效。教师以实际行动感染身边的每一个人，让学生积极地投入到社团活动中，增强他们自身的能力。

在教师和学生们共同努力下，社团活动取得了一定的成效，在社团活动的过程中，许多同学脱颖而出，克服了胆怯的心理，在同学面前大胆地表现自己，体会到社团互动的趣味性。如今，社团活动已成为蜊中不可或缺的一项活动，在校园里形成了较大的影响力，得到了学生们的积极响应。

我校根据 CIC 特色课程，设计了如下评价工具，包括 CIC 社团活动研学评价工具、CIC 项目学习评价工具、CIC 合作学习评价工具、CIC 社团创作评价工具、CIC 展示评价工具，帮助学生在 CIC 课程中更好地认识自己、提高自己，成为能创造、能合作、能创新的蜊中学子。

表 5-21 CIC 社团活动研学评价工具

评价指标	非常赞同	赞同	有点赞同	不太赞同	不赞同	非常不赞同
当面对一个重要抉择前，我会先尽力搜集一切有关的资料						
先分析问题的重点所在，再解答						
主动尝试解决各种各样的难题						
解决难题是富有趣味性的						
经常反复思考自己在实践和经验中的对与错						

学生在社团活动研学前对要去的地方有一定的了解，有一定的目标，这样的社团活动研学才能开阔学生的眼界，锻炼学生的能力。

表 5-22 CIC 项目学习评价工具

评价维度	指标描述			评价方式		
	第一阶梯	第二阶梯	第三阶梯	自评	互评	师评
好奇心	对新事物有着浓厚的兴趣，喜欢提问，经常性地刨根问底	思维跳跃，富有想象力，说话总有个性的表达，有独特的见解	动手能力强，敢于尝试，对于充满挑战的事情富有热情			
自主参与程度	对活动兴趣不大，参与程度低	一般性参与，喜欢的参与，不喜欢的不参与	积极主动参与，每项活动都参与			
动手能力	能独立地完成简单操作，小组合作中能够完成次要任务	完成一个相对复杂的任务，合作中能承担一个较重要的任务	能创意性地完成任务，合作中能承担各种任务			
发现问题和解决问题的能力	在活动中不能发现问题，也不能主动解决问题	在同伴的提醒下，能发现简单问题，并会询问教师或其他同学	能自主发现问题并主动和教师交流，主动通过网络等方式查找资料，解决问题			
形成性评价	文案	评分表				
	演讲	评分表				
	探究能力	老师评价				
总结性评价	宣传手册	评分表				
	团队合作	团队互评				

　　学生在进行项目学习时，学习评价让学生知道如何不断地提高自己的能力，能力的提升会有什么表现。学校提供能力评价支架，让学生对自己的能力有一定的了解；对项目学习的各类成果进行分类打分，让学生知道项目学习包含多种评价角度。

表 5-23 CIC 合作学习评价工具

评价维度（针对学生个体的评价）	合作评价量规——指标描述			
	优秀（A）	良好（B）	合格（C）	加油（D）
个人责任履行	在B基础上完成本人承担任务	参与小组交流，能和团队一起工作	有时候和团队一起活动，做了项目任务，有时需要提醒；按时完成了一部分任务，有时候用到他人的意见	没有良好地和团队一起工作，不做项目任务，没有听其他人意见
帮助团队	在B基础上，有成员不在时，主动帮助团队；分享想法，帮助他人建立联系；同伴不明确任务时主动帮助	帮助团队解决问题，保持专注和投入；提出团队提升效率的看法；为同伴提出有用的建议；在他人有需要时主动提供帮助	能与团队合作，但是没有积极提供帮助；尝试和他人分享想法；有时候给别人有用的建议；有时候帮助他人	没有帮助团队解决问题，可能会创造问题；没有和他人分享想法；没有为他人提供建议和帮助
尊重他人	在B基础上，还能鼓励队友，尊重同伴；发现他人优点并以此鼓励团队使用	仔细听取队友意见，对他人礼貌友善	有时听取同伴想法，大多数时候和队友友善相处	没有注意与队友交流，不尊重队友

该评价量表，通过三个评价维度，让学生知道小组合作时自己需要干什么，需要具有什么品质，而且知道优秀的品质有那些体现。

指导教师可以根据自己的社团课程内容灵活地设计个性化的学生成绩评价方案。比如，根据自己所在社团的课程特点，有差异地设计学生学业成绩评价方案。又如，运动类的社团课程评价应该着重于学生技能的掌握；人文类的社团课程应该着重于知识获取与情感培养；科技类的社团课程应着重于知识的应用与方法的获得等。

表 5-24 社团学生评价表

社团名称：_____　辅导教师：_____　评价时间：_____

评价项目	评价标准	评价结果			
		个人评	同学评	教师评	总评
情感态度	1．参与活动				
	2．提出活动的设想、建议				
	3．克服困难和挫折				
合作交流	1．帮助同学				
	2．倾听同学的意见				
	3．对班级和小组的学习做出贡献				
实践能力	1．会用多种方法搜集、处理信息				
	2．动脑、动口、动手参与				
	3．会与别人交往				
	4．学习、研究方法多样				
成果展示	1．活动过程记录				
	2．演示、汇报				
	3．成果有创意				
小伙伴说：		老师说：		爸爸、妈妈说：	
我对自己说：					

　　说明：评价结果分 A、B、C 三个等级。A 表示好；B 表示较好；C 表示一般；D 表示尚可。

三、项目实践效果

实践教学是巩固理论知识、加深对理论认识的有效途径，是培养具有创新意识的高素质人才的重要环节，是理论联系实际、培养学生掌握科学方法和提高动手能力的重要平台。为进一步提高我校人才培养质量，近年来，学校领导十分重视实践教学工作，汤文江校长多次在一些重要会议上提出要加强实践教学，加大对实践教学基础设施建设的力度，注重对学生实践能力的培养，让学生在学校学习期间最大限度地将所学知识与实践有机结合，促进学生实践能力的提升。为确保实践教学环节顺利进行，学校加强对教学实践设施的建设，这极大地补充了我校实践教学设施所需，为相关专业开展实践教学提供了基础。

经过一段时间的实践，我校主要在以下方面取得了效果。

1. 学生方面：社团是学生的重要活动组织，学校建立社团，依靠这种集体力量可以有效地管理学生的课外活动，提高学校管理的效率，也便于学生与学校进行互动。学校从学生那里收集教学信息，改进教学上的不足，提高学校活动的丰富度。在推行素质教育的今天，社团也便于拓展学生的兴趣爱好，提高学生整体的学习素质，进而能够有效地提高学校的办学质量，促进学校的发展。

2. 教师方面：学校通过项目建设，更新了教师的教育教学理念。教师丰富了自己的课堂内容，提高了教学的主动性，提升了教学效果。

第四节　资源利用

一、任务单使用效果评价

学习任务单是学校依据学情分析，为达成学习目标而设计的课堂学习活动的载体。它具有导向性、支架性、合作性等基本特征，有着明确的学习要求、学习内容、学习方式等。任务单对学生的学习具有方向指引、方法指导、资源提供等作用，可以激发每一位学生学习的主动性与参与性，全方位地影响课堂内的师生活动。学习任务单使学生在达成学习目标的过程中，提高学习兴趣，掌握学习方法，养成学习习惯，提升学习能力，从而实现由"课堂"向"学堂"的转型。

学习任务单是教师在课堂中使用的一种教学工具，面向全体学生是一份好的学习任务的必要条件。面对任务，每位学生都要有事可做，有探索的兴趣与欲望。为激发、保持学生的学习热情，教师要讲究任务设置的技巧；为让程度不同的学生都有所进步，任务设置要有梯度，注意差异性，要考虑设计帮助的支架，并且留有攀登的空间；为发挥学生的主动性，任务设置要让学生有选择的权利；为适合不同学习能力倾向的学生，学习任务要形式多样，有听说读写的任务、动手操作的任务、交流讨论的任务……

学习任务单的完成者是学生，一旦学生成为任务实施的主体，他们自然会对任务实施所需要的条件、任务的目的、任务的完成方式做出进一步的思考和探索。每个学生和课堂都建立起了某种关联，课堂学习就成为学生主动投入、主动参与的过程。

一份好的学习任务单首先是能充分体现设计的核心理念，即教学的个别化，关照每个学生的需求，激发每个学生的学习动机与兴趣，为学生的学而教。其次是依据精准，即学情分析到位，学习目标具体可测。而从技术层面可以从三个维度、十个指标做评判。

内容上，一是指向明确，能针对目标，渗透学法；二是支架有效，能符合需求，并留有学生攀登的空间；三是体现差异，在学习方法、资源提供、策略指导等方面有所区别；四是学科特征明显。

形式上，一是结构合理，先学后教，符合学科、认知、教学的逻辑；二是自主合作，做到自主学习手段丰富，合作学习形式多样；三是简明有趣，任务简单明了，能有效地引发动机、激发兴趣。

效果上，一是参与积极，师生能共同参与，参与状态良好；二是活动充分，每个任务的功能发挥充分，活动秩序良好；三是达成全面，学生人人达成基础目标，并获得发展动力。

当然，学习任务单并不一定适合所有的学习内容，在设计上总是很难完美与个别化学习相匹配，实现学生差异成长、共同进步；在实施上也很难精准地有差别地提供支架，并做到及时撤销。它对教师专业素养同样具有很大的挑战性。这些都需要我们做进一步积极的探索。但是，学习任务单使我们欣喜地看到课堂上"少了陪客，多了主动性；少了听众，多了参与性；少了无助，多了支持性；少了笼统，多了个别化；少了盲目，多了有意识"；学生主动学习，自主地建构知识；教师教得轻松，讲在学生需要处；课堂上，学生真正成了学习的主人。

表5-25 任务单评价量表（一）

序号	"学生自主学习"任务单评价指标	得分
1	"学生自主学习"任务单体现课程标准的程度（20分）	
2	"学生自主学习"任务单体现教学重点、难点和其他知识点的程度（20分）	
3	"学生自主学习"任务单设计体现学生智慧培养的程度（分析、综合、比较、评价等）	
4	"学生自主学习"任务单设计体现学生自主、高效、轻松、愉快学习的可能性	
总分	"学生自主学习"任务单综合评分	
备注		

表5-26 任务单评价量表（二）

维度	任务
维度一（内容）	1. 指向明确：能针对目标，渗透学法
	2. 支架有效：能符合需求，并留有学生攀升的空间
	3. 体现差异：在学习方法，资源提供、策略指导等方面要有所区别
	4. 学科特征明显
维度二（形式）	1. 结构合理：先学后教，符合学科、认知以及教学的逻辑性
	2. 自主合作：做到手段丰富，形式多样
	3. 简明有趣：任务简单明了，能有效引发动机，激发兴趣
维度三（效果）	1. 参与积极：师生能共同参与，参与状态良好
	2. 活动充分：每个任务的功能发挥充分，活动秩序良好
	3. 达成全面：学生人人达成基础目标，并获得发展动力

二、导学案使用效果评价

初中阶段导学案是以引导学生学会学习为宗旨，以导学案为载体，以学生学为主体，以教师为主导，以创新性、发展性为目标，提高学生自学能力、合作能力、创新能力的一种教学模式。

课堂上，教师应本着"以学定教，教者亦学"的原则灵活使用好导学案。课堂上要随时把握学情，灵活进行调控，努力做到学生自己能解决的问题坚决不讲。教师重在点拨，以点拨代讲解，引导学生总结规律、提炼方法，最大限度地减少多余的讲解和不必要的指导，确保学生有足够的学习和训练时间。放手让学生主动探索新知识，要放手让学生阅读课本，放手让学生讨论重点、难点和疑点，放手让学生思考解答提出的问题，放手让学生概括结论或答案，放手让学生寻找规律，放手让学生组织语言进行描述内容，放手让学生构建知识结构体系。

表 5-27 导学案教学有效性评价表

年级_____　科目_____　课题_____　教师_____　日期_____

项目	要素	标准	分值
教学设计	集智备课	遵循操作程序，体现集体备课的智慧结晶	
	个体复备	任课教师修改、完善，备课组长审核签名	
文本形式	刊头元素	齐全、规范	
	整体布局	清晰适当，利于使用：字体字号统一（除需突出的标题外），行（字）间距适当	
基本板块	教学目标	具体：编制模式为"内部过程和外显行为相结合"，做到可操作、可观测；表述方式以整合在一起为佳	
		合理：目标排序与教学过程相一致，数量2—4个为宜，标出重点	
		科学：依据课标、针对内容、切合学情；"三维"一体；既重视统一目标（底线），更考虑各层次学生的发展目标	
	学法指导	或明或暗，贯穿始终；体现充分，精到适用；助推学生掌握学科的思想、方法，形成科学的思维方式	
	知识链接	简明相关：选取学生学习所需的关键性的旧知（温故知新）或素材（清障铺垫）可教师出示问题，或学生回忆搜集	
	新知探索	紧扣目标，选择重点或关键内容，确定主题，内容框架安排合理	
		紧绕主题，从学生的"学"出发，设计问题，体现教材"二次开发"	
		问题处于学生的最近发展区：问题本身难易适度，有思考价值；问题之间循序渐进、有逻辑内在关联、梯度适切	
		叙述语、激励语，能引发学生积极参与和思考；导入语、过渡语能起到穿针引线、架桥搭梯的作用	
	知识整理	除让学生必须当堂完成预设性、生成性的问题外，更要梳理知识要点，构建思维导图，总结方法规律	
	评价反馈	针对课时目标及中考焦点。题目可以教师预设（易中难比例5:3:2），也可视情况灵活安排，但必须有层次性	
运用价值	教学凭借	注重全程关联式策划，符合教与学规律，适用于教学（预学、展示、反馈）全过程；问题精要，表述简明，恰当融入要点、方法、规律	
	共享共生	既是学生的学案，也是教师的导案：能"深入浅出"带着学生走入文本，更能引领学生"浅入深出"走出文本，体现导学、导思、导练、导结的功用	

三、课件的使用效果评价

合理的整合有利于学生认识学科的本质，提高信息技术的使用能力，可以减少过去花费在乏味的算数和代数操作上的时间，使教师和学生将更多的时间用在提升理解力、推理能力和应用的开发等方面。现代信息技术应该成为教师进行教学的有效工具，更重要是的应该成为学生学习的有力助手。信息技术不能完全取代课堂教学，要防止为技术而技术的空架子，防止单纯地追求外观的热闹与漂亮。

5-28 课件评价表

一级指标	二级指标	最佳状态描述	分值	评分说明	得分
课件的内容（70分）	教学适应性	符合人才培养目标及本课件教学的要求；取材合适，深度适宜，分量恰当，内容实用性强，受益面较大	15	优：11—15分 良：6—10分 差：0—5分	
	结构系统性	能完整地表达本课件应包含的知识，反映其相互联系及发展规律，结构严谨	10	优：8—10分 良：5—7分 差：0—4分	
	语言简洁性	文字内容言简意赅、主题鲜明、详略得当、通俗易懂、恰到好处	10	优：8—10分 良：5—7分 差：0—4分	
	认知规律性	课件的制作直观、形象，符合学生的认知规律，富有启发性，便于学习，有利于学生各种能力的培养	10	优：8—10分 良：5—7分 差：0—4分	
	逻辑性	层次分明、条理清楚、逻辑性强	10	优：8—10分 良：5—7分 差：0—4分	
	真实性科学性	素材内容真实准确，符合客观实际，经得起实践检验，阐述准确，表达严谨，数据可靠	10	优：8—10分 良：5—7分 差：0—4分	
	趣味性	表述知识生动有趣，有利于引起学生学习的注意力，提升其学习的积极性和主动性	5	优：5分 良：2—4分 差：0—1分	

续表

一级指标	二级指标	最佳状态描述	分值	评分说明	得分
课件的美工技术（30分）	界面设计	界面设计简明、布局合理、色彩协调、美观大方、主题明确、重点突出	10	优：8—10分 良：5—7分 差：0—4分	
	文字、图片的处理效果	结构、布局要合理；图文混排时重点突出，陪衬的其他配件没有喧宾夺主现象；字体、字号和色彩适合阅读，图表清晰准确，符号、公式和计量符合国际标准	10	优：8—10分 良：5—7分 差：0—4分	
	动画效果合理适度	画面不杂乱，动画清晰且动画效果生动，过渡到下一个画面的编排合理，整体通俗易懂，容易记忆	10	优：8—10分 良：5—7分 差：0—4分	

　　课件是信息技术与教学整合的一种体现，它融入了教师本人对教材的理解、处理，体现了教师的教学思想、教学方法。与传统教学模式相比，多媒体辅助教学有着明显的优点：有利于个别教育，可以做到因材施教，提高学生学习的主动性、积极性，有利于发展学生的智能。教师要充分运用现代信息技术，因地制宜、合理有效地使用现代化教学手段，但千万不能为之所困，更不能成为它们的"奴隶"。教师要增进课件的交互性，使课件能根据教学的需要随意调度。同时要不断提高自己驾驭现代信息技术的能力。只有这样，先进教学手段的优势才能得到充分发挥，进而更好地为教学服务。

第六章　CIC 基础融合课程的评价案例

第一节　扦插与嫁接

一、《田园笔记》课程图谱

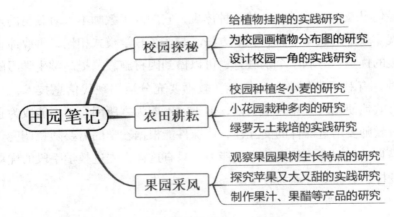

图 6-1　《田园笔记》课程图谱

"扦插与嫁接"属于《观察果园果树生长特点的研究》项目之一。

二、本活动案例与课程活动目标的对接点

1.计划优先：参与项目实践之前，按照一定的工具进行策划，围绕学习目标，想好劳动中需要做的事情和需要养成的品格。

2.创新设计：在劳动中发挥创新、发现、发明的才能，对具体实践项目提出有建设性的见解和具体建议。

3.同伴合作：养成和同学、老师商讨问题的习惯，乐于主动听取同伴的想

法，分工协作参与具体实践活动和共同设计、制作、分享劳动成果。

4. 积极参与：在项目实践过程中建立主人翁意识，在清晰了解责任、义务的基础上，主动自觉承担实践任务，树立热爱劳动、热爱生活、热爱自然的品格。

三、本活动案例与生物学科课程目标的对接点

1. 列举植物的无性生殖。

2. 尝试植物的扦插或嫁接。

四、本活动案例的活动目标

本项特色活动是以项目化学习方式展开，目标指向是整个项目的活动目标，大约需要 3 学时完成如下目标。

1. 通过上网查找资料、读书等方式，了解植物的嫁接、扦插等无性生殖方式，掌握嫁接、扦插材料的处理和对植物的照料方法，体验植物新生命的诞生过程。

2. 在扦插、嫁接活动中，小组通过分工合作完成任务，提高团队意识及分工意识。

3. 在劳动过程中，培养发现问题及解决问题的能力。

4. 关注劳动过程中的体验和感悟，感受劳动的艰辛和收获的快乐。

重点和难点分析

重点：

1. 培养在活动实践过程中发现问题的能力。

主要理由：

学生应该要学会发现问题，发现问题比解决问题更重要。发现问题是一种创新，也是一种能力。发现问题是指从外界众多的信息源中，发现自己所需要的、有价值的问题信息的能力。

2. 培养在学生发现问题之后能主动通过各种途径去解决问题。

主要理由：

有人说："比其他事情更重要的是，你们需要知道怎样将一件事情做好。"这体现的是解决问题的重要性。解决问题是一种执行力，本活动意在培养学生在面对问题时，要能主动承担责任，不退缩不害怕，寻求方法努力解决问题。

难点：

扦插和嫁接材料的处理。

主要理由：

通过学生的实践尝试，发现了如下几个问题：

1. 柳树枝条太细很容易枯死，那柳条的粗细对实验有影响吗？

2. 仙人掌和蟹爪兰嫁接后，蟹爪兰总是固定不住，如何固定好蟹爪兰？

3. 葡萄枝条扦插后，总不见有新芽长出，什么时候扦插最合适？

五、评价量表

表 6-1 评价量表

评价维度	评价指标			评价主体		
	第一阶梯	第二阶梯	第三阶梯	自评	互评	师评
好奇心	对新事物有着浓厚的兴趣，喜欢提问，经常性地刨根问底	思维跳跃，富有想象力，说话总有个性的表达，有独特的见解	动手能力强，敢于尝试，对充满挑战的事情富有热情			
自主参与程度	对活动兴趣不大，参与程度低	一般性参与，喜欢的参与，不喜欢的不参与	积极主动参与，每项活动都参与			
动手能力	能独立地完成简单操作，小组合作中能够完成次要任务	完成一个相对复杂的任务，合作中能承担一个较重复的任务	能创意性地完成任务，合作中能承担各种任务			
发现问题和解决问题的能力	在活动中不能发现问题，也不能主动解决问题	在同伴的提醒下，能发现简单问题，并会询问教师或其他同学	能自主发现问题，并主动和教师交流，主动通过网络等方式查找资料解决问题			

六、活动结果

（一）学习效果

1. 种植效果：社团活动中有 4 个小组的同学通过扦插或嫁接技术得到了新的

植株，体验了新生命的诞生过程。

2. 发现问题效果：部分学生在活动过程中善于发现问题，比如，柳树条太细容易枯死，蟹爪兰不容易嫁接到仙人掌上，并且能主动查找资料寻求答案，或展开探究。

3. 劳动效果：在社团活动中，所有同学都能积极地参与社团活动，掌握了扦插与嫁接的正确操作方法，丰富了劳动体验，提高了劳动能力，深化了对劳动价值的理解。

（二）亮点与创新

活动中表现出来的亮点：

1. 学生非常积极地投入到活动中，对本活动表现出极大的热情，在活动中也能发挥不怕苦不怕累的精神。

2. 学生发现问题、提出问题的能力很强。

学生提出有价值的问题：

1. 柳树枝条太细很容易枯死，那柳条的粗细对实验有影响吗？

2. 仙人掌和蟹爪兰嫁接后，蟹爪兰经常固定不住，那么如何固定好蟹爪兰呢？

3. 葡萄枝条扦插后，总不见有新芽长出，那么什么时候扦插最合适？

第二节　巧用七巧板做立体包装盒

一、背景分析

每当过年过节、生日聚会的时候，我们都可能会收到一些礼物，拿到礼物后的第一件事当然是说声"谢谢"，接着可能就是迫不及待地拆开礼物的包装，一探礼物是什么。那么大家有没有关注过礼物的包装，或者是我们身边许许多多物品的包装呢？包装设计是商品生产的重要一环，良好的设计不仅能够保护包装内的物品，又能刺激消费者的购买欲望，对商品的销售有着正面的加分作用。

二、活动目标

1. 利用立体图形的平面展开图制作包装纸盒。

2. 能够理解立体图形和对应平面图形之间的转化关系。

3. 掌握制作不同纸盒的一般方法，能够独立制作出相关的包装盒。

三、课时安排

第 1 课时：

了解包装发展的历史，利用七巧板制作简单规则几何体包装。

第 2 课时：

利用七巧板制作复杂规则几何体包装。

第 3 课时：

自己动手设计包装盒，展示交流。

四、评价设计

表 6-2 个人成长自我评价

评价维度	评价内容
1. 在这节课中，我学到了些什么？	
2. 生活中哪些事物蕴含着数学规律之美？	
3. 在课堂中，我能否清晰地用数学语言表达自己的观点？	
4. 在合作交流中，我提出了哪些观点？有哪些收获？	
5. 这节课最有趣的是什么？	
6. 自我作品评价	

表 6-3 组内合作评价

评价维度	评价内容
1. 课堂中，小组成员是否积极主动地参与学习活动？	
2. 当我们说或者做什么时，别人怎样的反馈最让我们感觉到舒服？	
3. 团队中，分工是否明确？每个人发挥了哪些长处？	
4. 作为合作者，配合是否默契？我们在哪方面做得最好？	
5. 我们是如何处理相互合作的关系的？我们碰撞出了哪些思维的火花？	
6. 组内作品评价	

表 6-4 组内作品评价

评价内容	评价指标			评价主体		
	第一阶梯	第二阶梯	第三阶梯	自评	互评	师评
表达	能将问题主动清晰地呈现出来，还能说出自己的想法	观点独特，能积极呈现自己个性的见解或作品	能情感充沛地呈现自己的创意和创作，引起同伴共鸣			
论证	初步使用工具审读设计方案，现场没有建议	会使用工具审读设计方案，能提出自己的建议	熟练使用工具审读设计方案，友善地提出合理化建议			
制作	参与过程，但是没有作品	在实践中初步完成作品	完成作品并呈现自己的创意			
学生姓名：　　　　班级：						

第三节　旋转木马的 3D 建模

一、背景分析

旋转木马是许多孩子的梦想，旋转的木马没有翅膀，却能够带着孩子们的向往到处飞翔；奔驰的木马没有忧伤，却能够吸引孩子们羡慕的眼光，让音乐永远不离场，让我们珍惜一路上美好的东西。

二、活动目标

1. 复习基本实体命令建立物体；强化拉伸、组合编辑等工具的使用。
2. 学习导入图片工具并能编辑图片，掌握草图连通性的检查。
3. 熟练使用基本编辑工具和颜色工具。

三、课时安排

1 课时

四、评价设计

表6-5 "旋转木马"知识评价量表

姓名		小组			
知识点	了解	熟悉	掌握	精通	
组合编辑加运算					
抽壳					
导入外部图片					
草图连通性检查					
拉伸					
移动					
圆角					
阵列					
上色					

表6-6 "旋转木马"活动评价量表

姓名		小组				
本节课4个活动	未完成	完成	不满意	基本满意	满意	
活动一：基本实体命令建立旋转木马模型						
活动二：完成木马导入及编辑						
活动三：调整木马位置、大小及拉伸为立体图						
活动四：完善木马						

表 6-7　综合评价量表

评价维度	评价指标			评价主体		
	第一阶梯	第二阶梯	第三阶梯	自评	互评	师评
行为规范	能够排队按时上课，但队伍不整齐，有说话声	能够排队按时上课，队伍也相对整齐，但不能保持绝对安静	按时上课，队列整齐，保持绝对安静			
态度过程	能够按要求准备课本，但听课注意力不集中，上课很少发言	能够按要求准备课本，听课注意力相对集中，能够保持相对的安静，上课发言不够积极	按照要求准备课本，上课注意力集中，认真听讲，并积极发言			
协作互助	几乎不交流，只顾完成自己的作品	能够互相交流但不够积极	能够积极交流分享，并互相帮助			
作品呈现	作品能够按时按要求上交，但毫无创新	作品能够按时按要求上交，创新点不明显	作品不但能够按时按要求上交，且有自己的想法，有自己的创新点			

第四节　做一回梦想家

一、背景分析

梦想是对未来美好生活的愿望，它能不断激发我们的热情和勇气。通过社团活动，学生能用英语介绍自己的梦想，从而激发学生学习英语的兴趣，提高学生的英语学习水平和口语表达能力。

二、活动目标

初二英语下册第二单元的主题就是有关个人的人生规划与打算。在学习并掌握课本内容的基础上，学生学会用英语介绍自己的远大梦想，激发使命感与责任感；用英语大声说出自己的梦想，从而提高学生的英语学习水平，达到学以致用的目的。

三、课时安排

第1课时：明确主题的含义，欣赏有关梦想的视频。掌握关于梦想的一些基本英语单词，并能简单书写自己的梦想。

第2课时：组织编写出完整、准确的英语梦想介绍，并流利地表达出来，表达出自己的观点。

第3课时：介绍知名企业家的梦想及其对青少年的期许。

四、评价设计

在学完这节课之后，你有什么收获呢？知识点是否都已经掌握了呢？下面就来给自己做个评价吧！

表 6-8 话里话外社团评价量表（自我评价）

评价维度	评价内容
英语词汇掌握情况	
英语梦想的组织情况	
英语语言的表达能力	
小组学习中表现情况	
交流学习中自己的能力提升和帮助他人的情况	

表 6-9 话里话外社团评价量表（表达能力）

评价维度	评价内容
英语表达的准确性	
英语表达的流畅性	
英语表达的语音语调	
英语表达的声音是否响亮	
展示环节是否落落大方	

表 6-10 话里话外社团评价量表（过程性评价）

评价维度	评价内容
在活动中的参与度	
在活动中的合作度	
在活动中是否都积极进取	
搜集信息的能力	
聆听别人的意见及提出自己想法的能力	
完成任务时的团队协作能力	
在活动中的沟通能力	

第五节　重回大唐，看繁华盛世

一、项目总体说明

本项目旨在通过"盛唐戏剧节"，运用"戏剧教育"的理念，带领学生走进唐朝时期的真实历史场景，在"确定话剧主题""划分历史时期""构思剧目成分""排列节目顺序""筛选典型剧目""完成剧本设计""展示剧目演出""讲述对应历史"等任务的驱动下，建立起对这一时期的认识、理解及真实感悟，在"神入"历史的过程中理解历史，在"体验"变革的过程中感悟变革，实现历史学科的真实性学习。

二、对应教材内容（初一历史）

第 2 课 从"贞观之治"到"开元盛世"

第 3 课 盛唐气象

第 4 课 唐朝的中外文化交流

第 5 课 安史之乱与唐朝衰亡

三、课程标准要求

1. 通过贞观之治、开元盛世，了解这一时期的社会局面。

2. 从经济、民族交往与文化等方面，认识盛唐气象。

3.通过与日本、新罗、天竺以及大食之间的交往，了解唐朝的对外交往。

4.以安史之乱为线索，掌握唐朝的衰亡。

四、学习目标

1.学生知道并能够说出唐朝时期重要的历史事件和历史现象，同时能合理分析这些事件之间的历史联系。

2.学生能说出这一时期社会局面的变化——由盛转衰，对历史发展趋势有较为准确的把握。

3.通过戏剧筹划和表演等方式，学会以"神入"历史的方式来思考历史、学习历史，用艺术的途径理解历史学科的内涵与价值。

五、课时安排

第1课时：确定话剧主题，划分历史时期，构思剧目成分。

第2课时：排列剧目顺序，筛选典型剧目。

第3课时：筛选典型剧目。

第4—6课时：完成剧本设计；展示剧目演出。

六、评价设计

表6-11 "盛世戏剧节"节目清单评价量表

评价维度		评价指标			评价主体		
		第一阶梯	第二阶梯	第三阶梯	自评	互评	师评
内容排列	完整性	内容不完整，无法概括唐朝时期各领域的发展状况	内容较完整，能基本概括唐朝时期各领域的发展状况	内容完整，能概括唐朝时期各领域的盛世局面			
	时序性	时序混乱，线索不清晰	能基本按照从贞观之治到开元盛世的发展顺序排列；个别历史事件时间有交叉，但不影响大局	能按照历史时序进行排列			

续表

评价维度		评价指标			评价主体		
		第一阶梯	第二阶梯	第三阶梯	自评	互评	师评
内容价值	典型性	选取事件不典型，无法反映唐朝繁荣与开放的时代特征	能反映出唐朝繁荣与开放的时代特点，但主题不够鲜明	选取的历史事件能充分反映出唐朝时期繁荣与发展的时代特征			
	表现性	选取的内容缺少故事情节，无法在舞台上呈现	选取的内容有一定的故事性，可以在舞台上呈现，需要进一步加工	选取内容本身具有很强的故事性，便于表现			

表 6-12　"典型剧目筛选推荐材料" 评价量表

评价维度		评价指标			评价主体		
		第一阶梯	第二阶梯	第三阶梯	自评	互评	师评
剧目名称		表述不准确	表述基本准确	表述准确			
筛选理由	事件典型程度	选取的事件在历史上缺少价值和影响力	选取的事件在历史上有一定价值和影响力	选取的事件在历史上价值突出，影响深远			
	类型全面程度	类型单一，或对历史事件的类型本身不清楚	类型较为全面，偶有同一时期、同一类型的历史事件	涉及不同类型的事件，同一时期、同一类型的事件是最有代表性的			
内容价值	全面性	介绍过于简单，环节不完整	对选取事件的主要内容有介绍	对选取事件的时间、地点、人物、起因、经过、结果、影响等都有介绍			
	准确性	语言表述不严谨，专有名词使用不准确	语言表述基本准确，偶有不当之处	语言表述准确严谨，专有名词使用准确			
	历史性	无法从历史的角度对事件进行介绍，完全凭借自己的想象，缺乏对历史的把握	基本能从历史的角度对事件进行介绍，个别语言过于主观	能从历史的角度对事件进行介绍，不臆测，不以今度古			

表6-13 "盛世戏剧节"剧本评价量表

评价维度	评价指标			评价主体		
	第一阶梯	第二阶梯	第三阶梯	自评	互评	师评
真实性	没有依据史料进行创作，想象的部分脱离史实，不符合历史的真实性与可能性	基本尊重历史，能依据史料进行创作，想象的部分基本符合逻辑	尊重史实，能依据史料进行创作，如有合理的想象必须符合历史的真实逻辑			
准确性	语言表述不符合人物身份，专有历史名词表述不准确	语言表述基本符合人物身份，专有历史名词表述准确	语言表述符合人物身份，专有历史名词表述准确			
连贯性	剧目场景之间无衔接，内容零散，无法呈现事件全貌	剧目场景之间较为连贯，部分内容有跳跃感	剧目场景之间连贯，内容衔接紧密，无断层			
逻辑性	逻辑不通顺，使人看后不知所云	逻辑较为通顺，能试图从观众的视角解读历史	逻辑通顺，符合观众对历史的认识			
思想性	主题思想与核心价值观不符合，缺少积极正面的历史教育意	思想健康，符合大众审美情趣，有一定的积极正面的历史教育意义	思想健康，符合大众审美情趣，且富有正面的历史教育意义			

表6-14 "剧目展示视频"评价量表

评价维度		评价指标			评价主体		
		第一阶梯	第二阶梯	第三阶梯	自评	互评	师评
历史感	忠实程度	表演与真实的历史差别较大，缺乏对史料的尊重和对历史的基本理解	表演基本忠于历史，主要部分能依据严肃的史料进行二度创作，对历史有一定程度的理解	表演忠于历史，能依据严肃的史料进行二度创作，对历史理解深刻到位			
	深刻程度	基本体现不出演员对历史的领悟，无法通过表演体现出主题思想	基本能体现出演员对历史的领悟，能通过部分表演体现出主题思想	体现出演员对历史的领悟，能通过表演突出主题思想			

续表

评价维度		评价指标			评价主体		
		第一阶梯	第二阶梯	第三阶梯	自评	互评	师评
表现力	人物表演	人物形象干瘪，表演不到位	人物形象较为丰满，有一定表现力，能体现基本性格特征	人物形象丰满，表演到位，令人印象深刻			
	熟练程度	不能脱稿，台词及动作不熟练	基本能脱稿，台词及动作较为熟练	全部脱稿，台词及动作熟练			
	镜头感	缺乏镜头感，表演不自然，缺少对感情和剧本的把握	演员表演总体较为自然，有一定感情体现，个别环节略拘谨	演员面对镜头，表演自然大方，感情到位，认真投入			
	拍摄效果	镜头模糊且镜头语言不详，效果不佳	镜头较为清晰，有一定艺术表现力，效果良好	镜头清晰连贯，感染力强，总体效果好			
合作程度		小组成员参与度不高，缺乏协同配合的意识与精神	小组多数成员积极参与，在一定程度上能体现合作意识	小组成员全体参与，表现积极，大局意识、合作意识强			

第七章　CIC 拓展发展课程的评价案例

第一节　搭建海草房

一、课程图谱

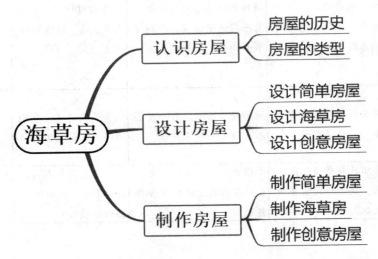

图 7-1 《海草房》课程图谱

二、本活动案例与课程活动目标的对接点

1. 懂得用创造性的方式解决生活中遇到的困难。

2. 学会沟通，并在活动中充分展示自己的才能。

3. 能针对问题，通过观察、实践等方法，多渠道收集资料或证据。

4. 能运用学过的学科知识来分析解释工程搭建中的原理或过程性问题，并在搭建中学习学科知识，体验多学科知识的融合。

5. 能尊重事实，在总结证据的基础上提出合理的解释并与人沟通。

6. 能倾听和尊重不同观点、评议，反思和改进自己的探究，并将探究过程所学得的知识运用于新的情境中。

7. 能在探究过程中学会合作、交流与分享。

三、本案例的活动目标

本项特色活动以项目化学习方式展开，目标指向整个项目的活动目标，大约需要6—8学时完成如下目标：

（一）本活动目标

1. 通过本项目进一步了解海草房在荣成的历史。

2. 通过制作海草房，增强动手实践能力，用学到的科学知识解决生活中的问题，改善生活；理解将要完成的物品的应用价值，激发参与热情。

3. 通过对海草房的观察以及海草房历史的研究进一步增强对家乡的认识和自豪感。

（二）重点与难点分析

重点：加强学生对技术的工程设计与开发过程的理解。

主要理由：工程课程基于项目，整合了多门学科的知识，与学生生活密切相关，能激发学生解决问题的兴趣。因此，在活动过程中应注意加强对学生的技术以及动手能力的指导。

难点：

1. 海草的选用与制作。

2. 屋顶苫海草。

主要理由：通过学生的实践尝试，发现了如下几个问题：

1. 部分学生在选用海草时，没有选用大叶海苔进行制作，而是选择了其他种类的海草，导致房屋防水性、耐用性差。

2. 海草房制作的关键是海草屋顶的制作，尤其是苫房这一环节，很多学生认为，海草房屋顶只是把海草放在已经制作好的框架上就可以，进而导致最后海草房制作得不完美。

四、评价量表

表 7-1 评价量表

评价维度	评价指标（每小项 5 分）	得分
管理信息	1. 提出并回答关于项目的问题 2. 开始计划 3. 按照课程指示推进活动任务 4. 在老师所提供的材料和资源中选择所需的信息，提出获取信息的方式 5. 识别和使用简单的方法来记录信息	
思考、解决问题和决策	1. 在实验之前能进行简单的预测，判断项目活动可能性 2. 提出关于项目活动中会出现的不同类型的问题，并能给出意见和理由	
设计 / 创造性	1. 对设计活动感到好奇并能积极主动地提问 2. 提出关于项目活动的观点 3. 设计模型 4. 愿意接受挑战 5. 通过书写、绘制、标记和制作模型来验证自己的观点	
协作	1. 学会和小组其他成员一起协作 2. 发展聆听、表达、分享和协作的能力 3. 学会演示和建模 4. 意识到自己的工作对其他人有一定的影响	
自我管理	1. 谈论自己在这个活动中做了什么和学到了什么 2. 发展集中、专注和坚持的能力 3. 能够处理任务中的任何问题 4. 能够在活动中做出选择和决策 5. 在完成活动任务过程中敢于向老师和同学寻求帮助	

五、学习效果

1. 活动效果：本次活动分为 9 个小组，每个小组都能根据任务单完成相应的驱动型问题，并按照要求制作出符合要求的海草房，但部分学生仍存在制作不熟练的情况。90% 的学生能积极参与到活动中，积极地准备材料，增强了动手制作和理论实践的能力；30% 的学生能在原有海草房的基础上对海草房进行改造，很好地体现了学生的创意、创新精神。在实地调研中，学生能够很好地和当地海草房住户进行沟通交流，获得有用的知识，很好地锻炼了学生的沟通能力。

2. 宣传效果：在活动最后的成果展示阶段，学生集思广益，将研究成果以多种方式进行展示，采用 PPT 展示、视频制作等多种方式向大家展示整个活动过程，在不知不觉中，学生的总结归纳、创新应用能力得到极大提升。

3. 亮点与创新

学生通过观看视频、收集资料、到施工现场实地观看等方式，学习了海草房和建筑工艺中最复杂的苫房工艺，并能在模型上进行实验与操作。

第二节　冬奥里的"中国风"

一、背景分析

作为继 2008 年北京奥运会后，我国再次承办的一项重大国际赛事，2022 年北京冬奥会可以说举世瞩目、万众期待。

2021 年 12 月 31 日，2022 年北京冬奥会和冬残奥会颁奖礼服正式发布。颁奖礼服一亮相，遭到了一些网友的"吐槽"。

我们知道，"一千个读者就有一千个哈姆雷特"，大家审美各异，关注点不同，评价自然迥异。如何看待北京冬奥会颁奖礼服，这对我们学生来说，不能只听，更需要我们一"探"究竟，从而形成客观公正的认知理解。

此次冬奥会，正值寒假，当春节与冬奥相逢，学生的假期生活变得更加丰富多彩。我们设计开展"冬奥里的'中国风'"项目，以北京冬奥会礼服作为切入点，引领学生走近北京冬奥会，去观察、去发现、去感知、去探究、去明辨，使学生在这一话题的思辨中，逐步形成理性认知，学会独立思考，不随波逐流；通过引导学生接力探寻冬奥会制服、"战衣"等服饰上的中国元素，进一步理解感悟北京冬奥系列服饰设计的内涵意蕴，透过服饰感悟中国文化的魅力，深刻感受中国文化与奥运文化的充分融合。学生通过亲自参与制作宣传手册、视频等，积极地宣传推广冬奥会，向世界展示中国风采，以实际行动助力冬奥，参与冬奥。此次活动重在引导学生关注冬奥，将视角不只放在精彩的赛事上，还有盛会处处融入的中国文化意境，增强文化自信心和民族自豪感，培养少年的责任担当。

二、活动目标

1. 通过观察北京冬奥会颁奖礼服图片，学生初步认识北京冬奥会颁奖礼服，并描述各自对礼服的初印象；通过电视、网络、报纸等媒介，学生全方面了解北京冬奥会相关内容，对颁奖礼服的设计思路、内涵主旨、背后的故事等做深度了解，建立对礼服的进一步认知。

2. 举办"北京冬奥会颁奖礼服真的丑吗？"现场思辨会，项目小组通过搜集筛选整合有效信息，会前头脑风暴，会中思辨碰撞等，深化认知，达成正确理解，提升提取信息、独立思考、团结协作、表达交流、分析解决问题的能力及批判性思维等，明确服饰设计应追求造型的外在形式美与内在文化底蕴相统一，礼服所蕴含的深厚的中华传统文化，传递的正是一种内在意境美。

3. 通过观察北京冬奥工作人员、技术官员和志愿者的制服，以及部分比赛项目"战衣"设计，探寻冬奥服饰上的中国元素，进一步感知服饰所传递出的文化魅力，深刻领悟中国文化与奥运文化的巧妙融合，提升文化自信；通过制作《冬奥里的中国风》宣传手册、广告宣传小视频等加大宣传推广，帮助国人更好领会中国文化的博大精深，推动中国文化走向世界。

三、课时安排

第1课时：观·探·寻——认识冬奥颁奖礼服。
第2课时：是真的吗？——为冬奥礼服正名发声。
第3课时：宣传制作——冬奥里的"中国风"。
第4课时：作品展示推广——冬奥里的"中国风"。

四、评价设计

表7-2 "探秘北京冬奥颁奖礼服的设计"活动任务单

颁奖礼服	服装风格	色彩特点	纹样	款式	设计想法、内涵等
瑞雪祥云					
鸿运山水					
唐花飞雪					

表 7-3 "冬奥服饰里的中国"活动任务单

北京冬奥服饰类别	服饰设计中所蕴含的中国元素及其含义
工作人员	
技术官员	
志愿者制服	
部分比赛项目战衣	

表 7-4 "观·探·寻——认识冬奥颁奖礼服"活动评价量表

评价维度	评价指标	评价人（根据表现涂☆）		
		自评	互评	师评
合作交流	能够清楚、大方、自信地介绍分享自己小组的观点看法	☆☆ ☆☆☆	☆☆☆ ☆☆☆	☆☆ ☆☆☆
	发言陈述有条理，能够与组员共同讨论，倾听别人的意见	☆☆ ☆☆☆	☆☆☆ ☆☆☆	☆☆ ☆☆☆
	主动参与小组各项活动，积极配合，并尽力完成所分配的工作	☆☆ ☆☆☆	☆☆ ☆☆☆	☆☆ ☆☆☆
技能学习	会用多种方法搜索、处理信息，并能整合提取出的关键信息	☆☆ ☆☆☆	☆☆ ☆☆☆	☆☆ ☆☆☆
	能够对相关资料及信息进行提炼、概括，归纳出观点	☆☆ ☆☆☆	☆☆ ☆☆☆	☆☆ ☆☆☆
	会熟练运用问卷星等多种工具制作调查问卷，问卷设计规范有效	☆☆ ☆☆☆	☆☆ ☆☆☆	☆☆ ☆☆☆
	对调查数据进行分析汇总，理解后用文字做出清晰表达	☆☆ ☆☆☆	☆☆ ☆☆☆	☆☆ ☆☆☆

表7-5 "是真的吗？——为冬奥礼服正名发声"活动评价量表

评价维度	评价指标			评价主体		
	第一阶梯	第二阶梯	第三阶梯	自评	互评	师评
语言表达	能在规定时间内阐述观点和理由，不拖拉；在内容和形式上还有上升空间	能完整地阐述见解，表述理由，基本明确地阐述方向和要求，在独创性方面有待发展	能清晰、有条理地表达观点，陈述理由，思路清晰，体现充分的思考，见解有一定深度			
现场感染力	声音不清晰，语速语调不自然，影响听众理解。肢体语言僵化刻板，从不注视台下观众	肢体语言无显著偏差，语言表现力不强；能使用设备但不流畅	仪态端庄，落落大方，声音清晰洪亮，语速语调自然，与听众有充分的眼神交流，肢体语言自然；能够恰当流畅地操作设备			
互动交流	对他人提出的问题不能做出及时有效的回应，或者进行的解释说明不清，不能让对方接受	基本能够做到认真倾听，对问题能够给予一定解释说明，但不够充分	能够认真倾听他人的问题，并积极应对，给出清晰明确的说明			
创意呈现	展现形式单调，没有吸引力，严重影响到活动效果，观众收获不大	展现形式一般，缺乏创意表达，在调动观众参与积极性方面有待提升	展现形式新颖，能够运用各种媒体工具等辅助手段增强展现效果，有创新性，能够吸引观众注意力，促进观众更好理解接受			
综合评价						

第三节　用 Python 学质数

一、背景分析

本主题将 Python 编程的基本知识和中小学数学知识紧密结合起来，在介绍 Python 知识的同时穿插数学趣题和难题的讲解，引导学生从一个全新的角度来看待编程、体验编程和学习编程，培养逻辑思维，让编程和数学学习都变得有意义并且充满乐趣。

二、活动目标

在探究 Python 基础知识的同时，进一步加深对数学知识点的理解，促进学科之间知识的融合。

三、评价设计

表 7-6　教师课堂全程评价表

阶段	评价项目	评价方式
课前	提问	教师随机点评
	讨论	教师随机点评
课中	自学	学生限时自评
	提问	教师随机点评
	实验	教师随机点评 / 全评
课后	主题性作业	学生限时自评
		组内限时互评
		教师随机点评

图 7-2 编程技能与形成性评价图

表 7-8 学生评价表

评价指标	评价要求			评价主体		
	第一阶梯	第二阶梯	第三阶梯	自评	互评	师评
方案制订	能够设计简单的方案，预计可能出现的问题，但是，没有考虑避免的方法	能够撰写基本完整的方案书，预计可能出现的问题，并考虑避免的方法	能从不同角度设计切实可行的方案，预计可能出现的不同的问题，并在它们发生之前，考虑解决的方法			
编程能力	能够自主尝试编程或模仿，在别人的帮助下尝试解决遇到的问题，且耗时长	能够自主尝试编程或模仿，通过不断尝试解决遇到的问题，但方案较繁琐	能够自主尝试编程，通过不断尝试改正不足，并且有适当的解决措施			
展示交流	只能按部就班地完成作品，对交流过程中的问题大多不能回答	能够设计出比较有创意的作品，对交流过程中的问题能做简单回答	能够设计并实现比较有创意的作品，对交流过程中的问题有明确的答复			

评价指标	评价要求			评价主体		
	第一阶梯	第二阶梯	第三阶梯	自评	互评	师评
工匠精神	能发现作品的不足,并在别人帮助下找到问题的解决方法	能够有意识地关注细节问题,针对作品的不足进行完善设计	享受对细节上精益求精的过程,能够不断对作品做出改善和创新			
协作交流	小组分工不明,缺乏协作,参加活动消极应付	小组分工较明确,组员间能团结协作,但不能提供作品的优化过程	小组分工明确,组员间配合默契,能提供作品的优化过程			
评价反思	在问题解决后,有时会反思自己是如何解决问题的	通过反思问题的解决过程分析哪里做得好,哪里可以做得更好	能够反思问题的解决过程,在必要时,能够合理地选择工具或方法完善作品			

第四节　艺术里的奥林匹克

一、背景分析

新时代的教育注重培养学生的综合能力,促进学生的全面发展。劳动实践是培养学生德智体全面发展的重要途径,《丝网印刷》是一门融合艺术设计学、印刷工艺学、美学等传统学科理论知识和设计实践的跨学科课程,也是一门实践性、综合性、创新性很强的劳动课程。

基于学情分析,一是对学生来说,常见的印刷品各式各样,但很少有人真地去探究它是从何而来的。对于印刷知识、印刷工艺等缺乏了解。二是学生缺乏劳动教育和劳动锻炼,动手能力弱。但同时我们也观察到初中生好动、好奇、好表现,所以我们在活动中应抓住学生这一特点,从学生感兴趣的事物着手,让学生在体验的过程中,切身感受印刷的魅力,感悟工匠精神和创新精神,激发学生兴趣和探索的欲望,逐步培养创新意识,提升创新能力。

2022 年北京冬奥会举世瞩目,开幕式科技感十足,它将自然、人文、运动三者的美感相结合,为全世界的观众带来一场视觉盛宴。学校开展"艺术里的奥林匹克"主题项目学习，以此为契机，让学生了解中国传统的美学元素与文化，增强对民族文化自豪感，激发爱国情怀。

二、活动目标

我们的活动重在培养学生的家国情怀、合作精神和社会责任感，与学校的文化追求相契合。活动的开展主要从提高学生学习兴趣和培养学生创新能力两个方面着手：

1. 通过自主探究，学习了解印刷术这一我国古代伟大发明的历史发展脉络，进一步体会中华民族伟大的创新创造精神，培养学生团队协作、规则意识和服务意识。

2. 通过主题活动和实践探究，获得印刷设计的实际操作能力，激发创新思维，尝试运用联想与概括的方法进行创作设计，培养想象力与创造力。

三、课时安排

第 1—2 课时：探究 2022 年北京冬奥会中国文化元素。

第 3—4 课时：指尖上的"冬奥会"——赛事项目。

第 5—7 课时："冰墩墩""雪容融"——了解吉祥物。

四、评价设计

表 7-9 学习效果评价量表

姓名：		项目名称：	评价主体		
评价维度及分数		评价指标	自评	互评	师评
学习态度（30分）	参与（10分）	1. 态度主动、积极，符合项目学习各阶段的进度及要求，能认真解决学习过程中所遇到的困难			
	准备（10分）	2. 准备好学习所需的材料、工具，积极准备小组成果的各种证明、支持材料			
	展示（10分）	3. 能够积极、按时参加各种讨论、交流、汇报			

姓名：	项目名称：		评价主体		
评价维度及分数		评价指标	自评	互评	师评
学习能力（40分）	收集（5分）	1. 从多种渠道收集信息，收集到信息都与主题相关			
	分析（5分）	2. 能够分析信息，并得出合理的结论			
	创新（5分）	3. 能灵活处理问题，生成新的信息，对问题提出多种解决方案			
	解决（5分）	4. 有效解决提出的问题，设计行之有效的解决方案，并能帮助他人解决问题			
	自主（5分）	5. 能独立完成所承担的任务，独立查找、分析信息，设计解决方案			
	合作（5分）	6. 能有效与他人共享信息，相互提供直接或间接有效的协助；共同完成任务；能通过多种方式与他人合作			
	决策（5分）	7. 对学习过程中遇到的问题能做出及时的判断、分析并提供有效的解决办法			
	实践（5分）	8. 能到现场获取与主题有关的资料，能对实际生活中的问题进行分析，提出行之有效的解决办法			
学会合作（30分）	分工（10分）	1. 能按照兴趣、能力进行合理的分组及分工，分工职责明确			
	交流（10分）	2. 能够通过多种途径，积极、主动地与他人交流，并能虚心采纳别人的合理建议，能够成功地与整个团队进行交流；交换所需的资源，如信息和材料，交流所获信息全部与主题有关			
	配合（10分）	3. 态度积极热情、关心相互的学习进展；完美完成所承担的任务，并能给他人提供建议			
等级					

表 7-10 项目作品评价量表

作品名称				
成员				
评价维度	评价指标	评价主体		
		自评	互评	师评
作品内容 （50分）	正确表述冬奥会相关内容，无明显的知识性错误			
制作效果 （30分）	1. 美观、完整			
	2. 形式新颖			
过程态度 （15分）	1. 制作过程是否认真、积极投入			
	2. 能否共享资源，团结协作			
特色创新 （5分）	1. 有无原创的文字内容、自绘的设计图			
	2. 其他特色			
等级				

说明：

1. 评价量表采取学生自我评价、学生相互评价和教师评价相结合的形式进行，最后取平均值为最终得分，计算出总分后定出等级。

2. 评价等级：A.85—100；B.75—84；C.60—74；D.0—60。

第五节　我也"追星"

一、背景分析

"追星"在现代已然成为一种潮流，在中学生中，这一现象更是普遍。随着自媒体、短视频平台的崛起，一大批"网红"艺人火爆起来，成为不少学生追捧的对象。

但部分明星也存在着学术不端、虚假代言等不端行为，中学生无法辨别。

同时，中学生对于明星的追捧程度令人难以置信，花费父母工资打赏主播等新闻屡见不鲜。如何做到正确理智地"追星"？

本活动旨在引导学生树立正确的"追星"态度和价值观，同时认识到语文学习的资源和运用语文的机会无处不在、无时不有。

二、 项目目标

1. 分小组搜集不同领域的名人、明星资料及作品，全面了解明星，提高搜集、处理信息的能力。

2. 认清当前中学生中普遍存在的"追星"现象，明确"追星"的利与弊，树立健康、高尚的情感、态度、价值观，做到理智"追星"。

3. 创作"追星"标语、明星颁奖词、明星作文，提高文学素养。

三、活动设计

通过让学生搜集书报杂志上的名人故事或人物传记，和语文"我也追星"单元的学习内容结合起来，让学生认识到，语文学习的资源和运用语文的机会无处不在，无时不有，初步体验在语文学习中沟通课堂内外、课本内外、学校内外的乐趣，从而开发利用现实生活中的语文教育资源。

通过"众星闪耀""瑕瑜互见""沐浴星光"等活动，使学生在感兴趣的项目化学习活动中，锻炼口语表达能力及写作能力。

四、评价设计

表 7-11 "众星闪耀" 活动评价量表

评价指标	评价结果
所搜集的名人故事、人物传记等是否具有新颖性、典型性	□是 □否
总结交流时所表现出来的口语交际能力、参与意识和情感态度，是否反映了学生真实的口语交际水平	□是 □否
活动中是否具有自己独到的见解和独特的感受，是否表达了自己的真情实感，说出了自己想说的话，语言表达是否文从字顺	□是 □否
在班上开展的相互交流中是否具有初步的合作意识、创新精神和实践能力	□是 □否

表7-12 "沐浴星光"活动评价量表

评价指标	评价结果
我身边的同学对明星介绍是否具有典型性、榜样性	□是 □否
展示交流与模仿表演的内容是否积极向上、有代表性	□是 □否
交流、表演是否大方得体、形式新颖	□是 □否
小组合作是否默契；目标达成度	□是 □否

表7-13 "名人模仿秀"评价量表

评价维度	评价指标			评价主体		
	第一阶梯	第二阶梯	第三阶梯	自评	互评	师评
语言表达	表演完整，演员无笑场情况	表演生动有趣，演员投入，诠释人物基本到位	表演打动人心，内容设计完整，演员投入，塑造人物形象生动到位			

表7-14 "绽放光彩"活动评价量表

活动	评价指标	评价结果
谈梦想，我想做一颗怎样的"星"	内容翔实，有理有据，积极健康	□优秀 □良好 □仍需努力
写活动宣传标语	内容符合，标语简洁有说服力	□优秀 □良好 □仍需努力
写家乡名人故事	人物形象鲜明，颁奖词凝练概括，文学性强	□优秀 □良好 □仍需努力
名人作文	文章内容全面丰富，作品说服力强，语言生动	□优秀 □良好 □仍需努力
明星风采录	内容丰富翔实，图文并茂	□优秀 □良好 □仍需努力

表 7-15 "我也'追星'"活动评价量表（一）

活动内容	搜集资料完整全面	小组分工明确	整体表现
星光闪耀	□优秀 □良好 □仍需努力	□优秀 □良好 □仍需努力	□优秀 □良好 □仍需努力
正确追星	□优秀 □良好 □仍需努力	□优秀 □良好 □仍需努力	□优秀 □良好 □仍需努力
沐浴星光	□优秀 □良好 □仍需努力	□优秀 □良好 □仍需努力	□优秀 □良好 □仍需努力
绽放光彩	□优秀 □良好 □仍需努力	□优秀 □良好 □仍需努力	□优秀 □良好 □仍需努力

表 7-16 "我也'追星'"活动评价量表（二）

活动内容	积极参与	口语表达	小组合作	展示表现
星光闪耀	□优秀 □良好 □仍需努力	□优秀 □良好 □仍需努力	□优秀 □良好 □仍需努力	□优秀 □良好 □仍需努力
正确追星	□优秀 □良好 □仍需努力	□优秀 □良好 □仍需努力	□优秀 □良好 □仍需努力	□优秀 □良好 □仍需努力
沐浴星光	□优秀 □良好 □仍需努力	□优秀 □良好 □仍需努力	□优秀 □良好 □仍需努力	□优秀 □良好 □仍需努力
绽放光彩	□优秀 □良好 □仍需努力	□优秀 □良好 □仍需努力	□优秀 □良好 □仍需努力	□优秀 □良好 □仍需努力

第八章　CIC探究综合课程的评价案例

第一节　调查家乡变化，看伟大的变革

一、项目总体说明

著名收藏家、观复博物馆馆长马未都先生曾说："博物馆学习是一项长期的、潜移默化的熏陶，对于人一生的审美和知识的积累都有极大好处。"作为一种集文化、知识、生活于一体的空间，博物馆的作用与价值日益被人们所重视，"在博物馆中学习历史"也成为一种培养学生的重要途径。本项目以"改革开放家乡变化展览"为最终呈现形式，旨在引导学生以"展览"的学习形式为载体，从"筹备"和"参观"两个角度，认识到"展览"是学习历史的重要途径，借此梳理出改革开放前后这一时期的重要史实。学生也能够尝试以"历史学家"和"考古学家"的视角进行探究，了解这一时期的历史。

本项目包括展厅选址、展厅总览、展厅分区、展区简介、展品选择、展品排序、展品名片、馆宝评选、展览解说和展览实施十项任务，每项任务都对学生提出具体要求，任务之间层层递进，最终通过任务的完成达到学习目标。

二、学习目标

1. 通过"改革开放家乡变化展览"项目，学生能够准确列举出改革开放前后这一时期的主要历史事件，并说出具体的史实。

2. 学生知道"实物证史"是研究历史的重要途径，能够初步形成时空观念，从文物中提炼出其背后的历史信息。

3. 学生能够了解历史类展览的基本要求，能够欣赏展览并说出展览的历史文化内涵，能够感受到祖国历史文明的辉煌灿烂。

4.学生能够学会团队合作，在团队合作中初步形成历史研究的意识和基本能力。

三、时间安排

第1课时：展厅选址；展厅总览（可以最后完成）。

第2课时：展厅分区；展区简介。

第3课时：展区简介；展品选择。

第4课时：展品选择；展品排序。

第5—6课时：展品名片；最佳展品评选。

第7课时：展览解说。

第8课时：展览实施。

四、 评价设计

表 8-1 "展厅简介"评价量表

评价维度		评价指标			评价主体		
		第一阶梯	第二阶梯	第三阶梯	自评	互评	师评
展厅简介内容	时期名称	不准确	准确但划分粗疏	准确无误			
	起止时间	无起止时间或起止时间错误	有起止时间但范围过宽	有起止时间且准确			
	主要历史事件或现象	涵盖主要历史事件，准确全面	涵盖多数主要历史事件，偶有遗漏	没涵盖或基本没涵盖对应的历史事件			
	历史阶段特征	无历史阶段特征或不准确	基本能呈现其主要特征	能展现且概括准确			

评价维度		评价指标			评价主体		
		第一阶梯	第二阶梯	第三阶梯	自评	互评	师评
展厅简介语言	准确性	语言不规范或不准确，有多处语病或知识性错误	语言基本规范准确，有个别语病或知识性错误	语言规范准确，无语病和知识性错误			
	概括性	内容复杂，缺少对历史本质的提炼。	较为凝练概括，对历史有一定理解。	形式凝练概括，能较好地把握住历史本质			
	流畅性	干涩生硬，缺少生动性和趣味性，可读性差	较为生动流畅，有一定可读性	生动流畅，引人入胜，促人思考			
展厅简介价值	观点陈述	无历史观点或历史观点不明确	历史观点较为清晰明确，个别表述有待改善	涉及历史观点的内容清晰、鲜明、准确			
	价值取向	价值取向有待改进提升	价值取向基本正确，无原则问题	价值取向正确且表述准确			

表8-2 "展品清单"评价量表

评价维度	评价指标			评价主体		
	第一阶梯	第二阶梯	第三阶梯	自评	互评	师评
时序性	时序混乱，展品排列方式不明确	时序基本准确，能够按照历史时期进行整体排列	时序准确，基本按照重要的历史事件发生的时序进行排列			
完整性	无法理解展品清单与对应的重大历史事件或制度的关系，内容过于简单或涵盖不全	所反映历史内容基本完整，能涵盖重要时间但略有遗漏	展品清单反映的历史内容完整，涵盖这一时期重要的历史事件和制度			
代表性	所选展品有大量重复或不典型的情况，无法反映历史全貌	所选展品有一定代表性，基本能做到历史内容的典型呈现	同类展品和反映相同历史内容的器物中，所选展品具有代表性			

表8-3 "展品名片"评价量表

评价维度	评价指标			评价主体		
	第一阶梯	第二阶梯	第三阶梯	自评	互评	师评
语言	语言过于啰唆或过于简单，不符合名片规范	较为精练概括，表述基本符合展品名片特点	精练概括，严谨规范，控制在50字以内			
内容	无法说出展品的名称、年代及主要用途	有展品名称，但年代和用途表述不规范	准确介绍展品名称、年代及主要用途			
价值	缺乏历史感，无法体现其历史价值	基本能表述清楚对应的历史价值	有历史感，能同其背后反映出的历史相联系			
样式	制作粗糙，不认真	有一定创意，但主干信息不够突出	美观、简洁、质朴、大方			

表8-4 "推荐展品名称及推荐词"评价量表

评价维度		评价指标			评价主体		
		第一阶梯	第二阶梯	第三阶梯	自评	互评	师评
推荐词	内容	展品年代、用途不明确，基本体现不出相应的历史价值	涵盖展品的年代及用途，能涉及相应的历史价值	涵盖展品的年代、用途及历史价值，突出历史价值			
	语言表述	语言不够严谨或逻辑不清，表述有误	较为严谨准确，逻辑基本清晰	严谨准确，逻辑清晰无错误			
	知识性	无法体现课本核心知识点	与课本核心知识点有一定关系但不够紧密	与课本核心知识点联系紧密			

表 8-5 "推荐展品背后的历史故事或现象"评价量表

评价维度	评价指标			评价主体		
	第一阶梯	第二阶梯	第三阶梯	自评	互评	师评
内容	缺少对相应故事或现象的介绍	对相应的故事或现象有介绍，但不具体不准确	内容完整，对相应故事或现象，有详细而准确的介绍			
语言表述	语言不够严谨或逻辑不清晰，表述有误	较为严谨准确，逻辑基本清晰	语言严谨准确，逻辑清晰，无错误			
价值	所介绍的故事或现象无法体现课本核心知识点	所介绍的故事或现象与课本核心知识是有一定关系，但不够紧密	所介绍的故事或现象与课本核心知识点联系紧密			

表 8-6 "最佳展品解说词"评价量表

评价维度		评价指标			评价主体		
		第一阶梯	第二阶梯	第三阶梯	自评	互评	师评
解说内容	严肃性	内容不严肃，缺少对历史的敬畏感	内容总体严肃认真，偶有不严谨之处	内容严肃，无戏说成分			
	条理性	条理不清晰，逻辑混乱	有一定条理，需要细化	条理清晰，层次分明			
	科学性	内容不可信，完全是街谈巷议或小说家所言	基本符合史实，部分内容带有传说或杜撰色彩	符合史实，内容经过严格的论证			
解说语言	表述	表述不严谨，史实性错误多	表述较为严谨，基本没有或较少史实性错误	表述严谨，无史实性错误			
	价值观与历史观	价值观有误，对历史的评价及认识缺少科学性	价值观基本正确，不违背主流价值观或唯物史观	价值观与历史观正确，唯物史观内容突出			
	感染力	缺少文采与语言感染力	有一定文采，语言较为优美流畅	文采优美，富有感染力			

表 8-7 "实施展览"评价量表

评价维度		评价指标			评价主体		
		第一阶梯	第二阶梯	第三阶梯	自评	互评	师评
展览方案	环节设置	环节缺失，无法保证展览顺利进行	较为完整连贯，能确保展览顺利实施，但有思考欠周密之处	完整连贯，确保展览顺利进行			
	可操作性	脱离实际，无法正常开展	基本贴合实际情况，略作修改后可开展	贴合实际情况，能确保开展			
	安全预案	无安全预案或安全预案不具有可行性	有安全预案，需修订完善，确保可操作	有严格的安全预案，一旦出现突发事件能立即应对			
	意义及价值	缺少意义与价值的体现	有一定意义与价值的体现	充分呈现此次展览的意义和价值			
展览实施	解说引导	缺乏提前训练，态度不认真，解说效果不佳	有一定导游基本功，能脱稿完成解说，解说过程中基本无明显错误	自然大方，引导有序，表达得体，符合导游身份			
	参观	过程混乱，有大声喧哗或打闹现象，整个过程不认真，缺少基本的文明礼仪	多数学生有笔记意识并做笔记，无明显扰乱参观秩序的现象，基本遵守纪律	安静认真，有笔记意识，遵守基本的参观纪律，体现中学生文明及良好素养			
	展览效果	效果一般，需要继续改进	效果尚可，能达到预计目标，大部分学生有所收获	效果好，学生满意，反响强烈			
展览反思	对历史的反思	史实掌握不够扎实，反思态度敷衍，缺少对改革开放前后这一时期的认同	基本能通过反思列举出这一时期的重要史实，在价值观上能体现出对改革开放前后这一时期的认同	在反思中能对这一时期的重要史实和时代特征有所认识，在价值观上能体现出对改革开放前后这一时期的认同			
	对活动的反思	对收获和不足认识不够，缺少反思意识	能够简单地从两方面谈一谈收获和不足，有一定反思意识	能够从知识、能力、情感等方面说出自己的收获，并对自己存在的问题有清楚的认识			

第二节 我们的第一部戏剧

一、项目目标

1. 学习剧本改编与创作。完成对故事背景的构思、设定人物及性格、设计人物台词、设计人物的表情动作。首先，学生通过学习剧本改编思路与技巧，完善《皇帝的新装》的片段剧本；其次，在前期学习的基础上，从假期阅读书目《骆驼祥子》和《海底两万里》中选择一个精彩的篇章作为剧本改编对象，尝试进行完整的剧本改编与创作。

2. 依据剧本进行表演创作。小组合作，排练出一个相对完整的剧目，时长10—15分钟，呈现方式灵活选择：可拍摄视频，以影视剧的形式呈现，视频需要进行简单剪辑，有条件的小组，可以自行添加字幕与后期音效等；也可现场表演展示，以话剧的形式呈现，提前备好道具，调整好演员行动路线。

3. 感受文学的魔力，体验虚构与想象的力量，扩大自身的视野，深入理解课文。

二、项目流程

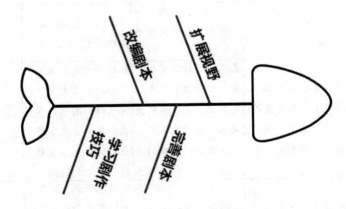

图 8-1 项目流程图

三、 评价设计

表 8-9 学习剧作技巧表现性评价

评价维度	评价指标			评价主体		
	第一阶梯	第二阶梯	第三阶梯	自评	互评	师评
学习制作技巧与夸张手法	能初步领悟三点改编技巧，认真学习夸张手法且能运用夸张手法完成任务，运用能力平淡无奇	能轻松领悟三点改编技巧，认真学习夸张手法，并能运用夸张手法完成任务，运用能力游刃有余	能对三点改编技巧举一反三，认真学习夸张手法，并能轻松运用夸张手法完成任务，运用能力炉火纯青			

表 8-9 完善剧本表现性评价

评价维度	评价指标			评价主体		
	第一阶梯	第二阶梯	第三阶梯	自评	互评	师评
步骤一构思背景	能够按照提示，完成舞台设计	能够按照提示，加以想象，完成舞台设计	能够按照提示，加以想象和创新，完成舞台设计			
步骤二设定人物	能够根据文章要点，较为准确地设定皇帝、骗子、老大臣的人物及性格	能够根据文章要点，结合人物的多方面因素准确地设定皇帝、骗子、老大臣的人物及性格，性格鲜明突出	能够根据文章要点，结合多方面因素准确地设定皇帝、骗子、老大臣的人物形象及性格，性格鲜明突出，人物立体			
步骤三设计台词	能够按照情境，顺利完成扩充人物台词的设计，台词完整	能够按照情境，发挥想象，顺利完成扩充人物台词的设计，台词有趣	能够按照情境，发挥想象，顺利完成扩充人物台词的设计，台词有趣，富有创新力			

表 8-10 改编剧本表现性评价

评价维度	评价指标			评价主体		
	第一阶梯	第二阶梯	第三阶梯	自评	互评	师评
步骤一 构思背景	能够结合文章，完成故事背景的构思	能够结合文章，完成故事背景的构思，构思有新意	能够结合文章，完成故事背景的构思，构思有新意，有深度			
步骤二 设定人物	能够根据文章要点，较为准确地设定角色（包括性格、身份、外貌、背景等）	能够根据文章要点，结合人物的诸多方面因素准确地设定角色，性格鲜明突出	能够根据文章要点，结合人物的诸多方面因素准确地设定角色，性格鲜明突出，人物立体			
步骤三 设计台词	能够按照设计好的背景和人物，发挥想象，顺利完成剧本内容的编写	能够按照设计好的背景和人物，发挥想象，顺利完成剧本内容的编写，内容充实有趣	能够按照设计好的背景和人物，发挥想象，顺利完成剧本内容的编写，内容充实有趣且有深度			

表 8-11 演出剧作表现性评价

评价维度	评价指标			评价主体		
	第一阶梯	第二阶梯	第三阶梯	自评	互评	师评
戏剧演绎"课本剧"片段	表演完整，有剧本，演员无笑场情况	表演生动有趣，剧本设计完整，演员投入，诠释人物基本到位	表演打动人心，剧本设计完整，演员投入，塑造人物形象生动到位，剧目有内涵意义			

表 8-12 拓展视野表现性评价

评价维度	评价指标			评价主体		
	第一阶梯	第二阶梯	第三阶梯	自评	互评	师评
拓展运用	能够简单利用拓展视野中的材料进行学习创作	能够充分利用拓展视野中的材料进行学习创作	能够充分灵活利用拓展视野中的材料进行学习创作			

第三节　追先清明节 深深缅怀情

一、项目介绍

《荣成风俗习惯》校本课程于 2018 年开发，属于社会实践类。课程目标和主要内容是让学生在继承中发扬，在发扬中学习，弘扬家乡传统文化。荣成三面临海，独特的地理环境孕育了独特的风俗习惯，成为中华民族古老文化的有机组成部分。在课程内容的选择上，我们基于 CIC 课程的理念，选择学生感兴趣的内容，展示荣成的风土人情和荣成人民的勤劳智慧。

探究传统节日的风俗习惯，是对我们民族历史的一种继承和保护，现代中学生尤其要继承和发扬，只有尊重和保护传统节日风俗习惯，才能更好地了解中华五千年文明的历史，才能树立正确的人生观、世界观和价值观，才能更加爱国，才能成才，为国家做贡献。

二、 活动目标

（一）本活动目标的内容

1. 通过情境教学，借助民俗文化资源，积累写作素材。
2. 通过搜集研读资料，培养学生搜集使用资料的意识和能力。
3. 通过活动掌握知识，借助民俗文化资源，开展语文课外活动。
4. 通过阅读与分享，培养学生表达、思考的能力。

5.通过团结合作，培养学生沟通能力和团队意识。

（二）活动目标的重点和难点

重点：通过活动掌握知识，借助民俗文化资源，开展语文课外活动。

主要理由：在愉快的活动中掌握知识，培养学生搜集使用资料的意识和能力。

难点：通过情境教学，借助民俗文化资源，积累写作素材。

主要理由：感受风俗习惯下的民生民情。

三、评价量表

表 8-13 评价量表

评价维度	指标指标			评价主体		
	第一阶梯	第二阶梯	第三阶梯	自评	互评	师评
好奇心	对新事物有着浓厚的兴趣，喜欢提问，经常性地刨根问底	思维跳跃，富有想象力，说话总有个性的表达，有独特的见解	动手能力强，敢于尝试，对于充满挑战的事情富有热情			
自主参与程度	对活动兴趣不大，参与程度低	一般性参与，喜欢的参与，不喜欢的不参与	积极主动参与，每项活动都参与			
动手能力	能独立地简单操作，小组合作中能够完成次要任务	完成一个相对复杂的任务，合作中能承担一个重要的任务	能有创意地完成任务，合作中能承担各种任务			
发现问题和解决问题的能力	在活动中不能发现问题，也不能主动解决问题	在同伴的提醒下，能发现简单问题，并会询问教师或其他同学	能自主发现问题，并主动和教师交流，主动通过网络等方式查找资料解决问题			

四、活动结果

（一）学习效果

1.参与效果：学生整体参与度很高，整个活动过程中小组交流探讨的氛围很热烈。

2. 调查效果：有个别学生资料搜集不多。

3. 汇报效果：多数时间学生认真倾听，每个学生在团队活动中都能找到存在感，能感受到集体荣誉带来的喜悦和成长，所预设的学习目标基本达成。

（二）亮点与创新

清明文化节它不同于物质，不以人的意识而改变。笔者认为，这种文化遗产的传承高于我们所谓的物质保留，因为物质是"死"的，它很少甚至无法承载我们的记忆。只限于文字资料去了解太单调，课堂上穿插生活趣事的视频和图片，还是比较能吸引学生注意力的。此次活动，我们带领学生体验相关一系列的清明文化，让他们深切了解千百年来人们用心血和汗水打造的独特文化。

活动中表现出来的亮点：

1. 学生非常积极地投入到活动中，对活动表现出极大的热情，在活动中也能发扬不怕苦不怕累的精神。

2. 学生发现问题、提出问题的能力很强。

第四节　腐乳的制作

一、 项目简介

千百年来，腐乳一直受到人们的喜爱。这是因为经过微生物的发酵，豆腐中的蛋白质被分解成小分子的肽和氨基酸。腐乳味道鲜美，易于消化吸收，且便于保存。

在公元 5 世纪的北魏古籍中，就有关于腐乳生产工艺的记载："于豆腐加盐成熟后为腐乳。"明李晔的《蓬栊夜话》亦云："黟（移）县人喜于夏秋间醢腐，令变色生毛随拭之，俟稍干……"我国各地气候不同，人民生活习惯不同，因而腐乳品种多样。如红豆腐乳、糟腐乳、醉方、玫瑰红腐乳、辣腐乳、臭腐乳、麻辣腐乳等。腐乳品种虽多，但酿造原理基本相同。豆腐乳是用豆腐发酵制成，多种微生物参与发酵，如，毛霉青霉、酵母、曲霉等。其中起主要作用的是毛霉。

二、成果呈现形式

1. 现场展示腐乳制作的关键步骤，并进行科学讲解。
2. 制作不同口味的腐乳，班内展示，试吃评选。

三、项目目标

1. 了解腐乳的历史、制作原理，腐乳好坏的鉴别等。
2. 说出腐乳的制作方法及注意事项。
3. 学会收集和整理材料。
4. 进一步完善制作腐乳的基本方案。
5. 为关键性步骤的操作展示奠定理论和操作基础。
6. 学生体验并掌握制作腐乳的方法，在该过程中培养学生的动手能力。
7. 作品完成后，通过介绍展示自己的作品，与其他同学进行交流，培养学生的品鉴能力、交流合作能力。

四、项目评价

表 8-13 项目评价表

评价原则	评价方式	评价主体	评价参考
过程性评价	自评	个人	任务测评
	互评		
	师评		
终结性评价	自评	团队	评价表格
	互评		
	师评		

表 8-14 任务一 收集材料阶段评价表

任务目标	测评内容	评价反思
了解腐乳的历史、制作原理，腐乳好坏的鉴别等	1. 说出腐乳的历史典故	
	2. 概述腐乳的制作原理	
说出腐乳的制作方法及注意事项	列举要注意的事项	
学会收集和整理材料	列出相关项目的内容细则	
总体评价（组长）		

表 8-15 任务二 完善腐乳的方案阶段评价表

任务目标	测评内容	评价反思
进一步完善制作腐乳的基本方案	1. 实验装置的有效改进项目有哪些	
	2. 关键性问题的有效解决方案的实用性	
	3. 活动中问题的应答	
	4. 小组最终方案的实用性和可行性	
总体评价（组长）		

表 8-16 任务三 制作腐乳阶段评价表

任务目标	测评内容	评价反思
学生体验并掌握制作腐乳的方法	1. 是否能顺利地做出成品	
	2. 成品的合格率	
展示自己的作品，与其他同学进行交流，培养学生的品鉴能力、交流合作能力	1. 作品的品相	
	2. 作品的口味	
	3. 对自己作品讲解的科学性	
	4. 对其他小组作品评价的有效性	
总体评价（组长）		

表 8-17 过程性评价表格

评价维度	评价指标			评价主体		
	第一阶梯	第二阶梯	第三阶梯	自评	互评	师评
初始参与状态	对动手参与比较感兴趣	对动手参与活动和理论知识都比较有兴趣	兴趣强烈，而且有自己鲜明的观点，并有强烈的创新想法			
过程参与程度	动手参与，理论过程不参与	均有参与，但没有自己的观点	积极主动参与，且提出自己的有价值的观点			
实操能力	只能完成简单操作	参与复杂操作，但配合度不高	全程参与，且合作程度高			

表 8-18 展示评价表格

评价维度	评价指标	评价主体		
		自评	互评	师评
形成性	现场展示（共15分，其中互评5分，师评10分）			
	讲解（共15分，其中互评10分，师评5分）			
	探究能力（师评20分）			
终结性	成品（共30分，其中互评15分，师评15分）			
	团队合作（共20分，其中自评10分，师评10分）			
总分				

表 8-19 项目小组评估表格

评价维度	评价指标			评价主体		
	第一阶梯	第二阶梯	第三阶梯	自评	互评	师评
个人能力	能够按分工进行操作	在完成分工操作基础上，提出自己的观点	完成自己所承担的任务，并且提出的观点比较有实用性和创新性			
团队合作	被动参与团队合作，没有自己的想法	主动参与团队合作，但有自己的观点，缺少创新	主动参与团队合作，及时发现自己和他人的问题，并提出解决问题的合理有效的方案			

表 8-20 项目成员评估表格

成员	姓名	评价结果
成员1		
成员2		
成员3		
成员4		
……	……	……

后 记

　　怎样的评价才是有效的？如何通过评价来促进学生的学习与发展？这是我们一直在努力思考的问题。聚焦传统评价方法中存在的问题，我们进行了反复细致的探讨，在推进教学实践和课程研发探索过程中，对课程及评价等有了更深入的认知与思考，我们扎实开展行动研究，引领教师将有价值的思考付诸课程及教学实践，取得了不错的成效，凝练形成了这本《促进创新素养发展的课程评价》。

　　本书分两部分：一是"CIC课程育人"，共有三个章节，主要围绕"CIC特色课程项目研究"，阐述了研究计划、研究进程，介绍了CIC特色课程实践模式及其实践意义等。二是"CIC评价设计"，共有五个章节，分别从评价原则、评价方式、评价内容、评价案例等方面做了系统地阐释，其中分享的14个评价案例是学校教师团队开发并经专家多次指导，在课程实施中不断完善修正，经实践检验过的"产品"。这五个章节几乎涵盖了学校课程设计与评价的所有内容，保证了系统性与完整性。

　　本书兼具理论基础和实践操作意义，不仅呈现了学校课程实践及评价经验模型，而且进行了具体操作，提供了一些有助于学生根据自身独特倾向来完成评价任务的评价活动和评价策略，同时展示了各类评价量表的设计与使用方法，并列出大量的模板和案例分析，使读者能够轻松地掌握这种实用高效的工具，对学校及教师开展课程评价提供了理论、方法与实践的引领。

　　编写本书时，我们充分考虑了广大基层学校、教师使用的便利和可参考的实用性，摒弃了"思辨式"的深入阐述，通过结合自身探索案例进行接地气式的表达，在保证理论科学性的同时尽量降低阅读难度，使艰涩、生晦的理论变得通俗易懂，体现较强的可读性和实践指导性，使之更适合广大中小学及教师学习与借鉴。

　　说到这里，必须要提一下成书的过程中太多人给予的帮助，他们中有全国知名的课程专家、山东教科院的专家，也有市局诸位领导及教研员，以及齐鲁名校长工作室各位成员，他们不吝赐教，将思考与经验共享，促使我们在实践中反思，在反思中提升，引领我们不断"拔高"，走向新的境界。

还有参与学校评价改革探索实践的教师们，以及全程参与编撰此书的各位编委，感谢大家的辛勤付出，用心钻研，正是有你们勇于探索、精益求精的治学精神，这本书才得以面世，惠泽更多学校及教师，让我们的探索有了更丰厚的内涵与意义，使蜊中教育更加闪耀夺目。

谢谢你们，未来，让我们继续携手，共赴教育的诗和远方！